考証　革新都政

東京に憲法と自治が輝いたとき

――市民と野党の共闘がそこにあった――

革新都政をつくる会

本の泉社

はじめに

いまから五〇年前の一九六七年四月、発達した資本主義の国である日本の首都に、都民が主人公の革新都政が誕生しました。

革新都政誕生の原動力は、社共を軸とした統一戦線の結成と切実な都民要求及び運動、都議会汚職事件など伏魔殿都政と都民不在の自民党保守都政に対する都民の怒りでした。

首都での革新自治体の誕生は、国政に衝撃を与えるとともに、全国でつぎつぎと革新自治体が誕生する契機となりました。また、三期一二年の都政のなかで切りひらかれた先駆的施策は全国の自治体の指標となり、老人医療費助成など国をも動かす力となりました。

私は次の姿勢で都政を担当する決意です。

一、都民との対話を通じ、都民にわかる都政をつくっていく。できることとできないことをハッキリさせ、都民の納得を得て仕事をしていく。

二、考える知事であることを期する。問題がむずかしく、機構が複雑で、仕事が多ければ多いほど、都民の声なき声にも耳をかたむけ、考えることが必要である。

三、とはいえ、最大多数の都民の利益のため決断したことは、蛮勇をふるって実行する。もちろん、それらについて責任をもち、進退をいさぎよくする。

と革新都政をになった美濃部亮吉都知事は立候補にあたって抱負を述べました。
では、革新都政はどのような挑戦をおこない、どのような施策を実現したのでしょうか。

憲法をくらしに生かす／ゆりかごから墓場まで／ポストの数ほど保育所を／15の春は泣かせない／障がい者（児）の希望者全員入学／おとしよりに温かい手をさしのべる／東京に青空をとりもどす／三多摩格差の解消／東京から火薬のにおいをなくす

革新都政が発信したこれらの政策は、おおくの都民の願いそのものでした。そしてこうした施策を実現、推進するうえでおおきな役割を果たしたのが、都民の力であり、住民自治の力だったのではないでしょうか。

これはそれまでの明治以来の天皇制支配のもとでの官治主義（国の下部行政組織）をうち破って、「住民が主人公」の都政を実現する道でもあったのです。

今日、都政は石原都政以降、多国籍企業・大企業奉仕、新自由主義の都政運営によって、革新都政が築きあげた施策のおおくが後退させられ、「都政が見えない」といわれるように都民にとっての都政不在が現実のものとなっています。

私たちの先輩、先達がさまざまな困難を乗りこえて実現させた革新都政。それは、都政の転換を願い、住民が主人公となる都政をめざす、今日の、私たちのたたかいに、すすむべき道筋を示し、おおくのことを教示してくれるのではないでしょうか。

本書は、革新都政をつくる会の機関紙に三六回にわたって連載した「考証　革新都政」を再構成し、若干の加筆をくわえたものです。　革新都政実現の力、その先駆性、今日に生かすべきとりくみについて、光をあてることができ、都政をあるべき姿を考え、都民が主人公の都政の実現への一助となれば幸甚です。

卯月はじめ

明るい革新都政の実現を

中村錦之助さんの訴えに奮起する労働者

〝おれたちもやるぞ〟

東京出版 丸山分会 テープ聞き強い決意

吉永小百合さんも

〝清潔で暮らしよい首都を〟

赤旗　1967.04.06

《目次》

革新都政が挑んだもの

都民が主人公の都政をふたたび

私と革新都政

私たちは、国連第31回総会が、次の諸点を実現するために、貴下の努力とイニシアチーブがとられるよう被爆国国民の名において心から要請します。

1．国連総会が核兵器全面禁止国際協定締結促進の決議をおこなうこと。

2．国連総会が核兵器使用禁止協定の締結、非核保有国への核兵器使用禁止など、核兵器使用禁止の効果的措置をとるよう核保有国政府へ強く要請すること。また、国連総会が、核兵器の使用は、国際法に違反するのみならず、人道に対する犯罪であるとし、核兵器の使用を禁止する国際法規を採択すること。

3．国連が提唱する世界軍縮会議を、核兵器全面禁止国際協定の締結を主要議題としてすみやかに開催すること。

4．国連事務総長が、広島・長崎の被爆の実相と後遺および世界の核実験による被害についての国際シンポジュウムを来年8月日本で開催し、広島・長崎の被爆の実相を全世界にひろめるとともに、核廃絶の世論を喚起すること。

In the name of the only nation victimized by the use of atomic bombs, we earnestly request Your Excellency to make every possible effort and take effective initiatives so that the 31st General Assembly of the United Nations Organization will undertake the following:

1. The General Assembly to adopt a resolution to promote the signing of an International Agreement Completely Prohibiting Nuclear Weapons.

2. The General Assmbly to powerfully urge the governments of nuclear-weapon-states to immediately take effective measures to ban the use of nuclear weapons including a joint renunciation of the use and threat of use of nuclear weapons against non-nuclear-weapon states; and for the Assmbly to adopt an International Convention outlawing the use of nuclear weapons under any circumstances and making it absolutely clear that the use of nuclear weapons is a crime not only against international law but against humanity (or humanitarian law).

3. The General Assembly to set the earliest possible date for the World Disarmament Conference to be called, taking up the conclusion of an International Agreement for Complete Nuclear Disarmament as one of the main items of the agenda.

4. The Secretary General of the United Nations to summon, in August, 1977 in Japan, an international symposium on the reality and after-effects of the atomic bombing of Hiroshima and Nagasaki, plus the evil-effects of nuclear explosion tests in the world, in order to make them known to the whole world, and to awaken world public opinion demanding the total elimination of nuclear weapons.

1976

職名 PROFESSION　東京都知事

氏名 NAME　美濃部亮吉

署名 SIGNATURE　Ryokichi Minobe

日本のあたらしい夜明け

いまから半世紀前の一九六七年四月一五日。〝日本のあたらしい夜明け〟となる革新統一の東京都知事が誕生しました。

初登庁にあたって美濃部亮吉知事は、「みなさんが知事に当選したのであって、わたくしは、一千万都民の分身に過ぎない」と挨拶。この思いは、革新都政実現のために立ち上がった都民に共通する思いでもありました。

革新京都府政（一九五〇年～一九七八年）につづく、首都における革新自治体の誕生は、全国に燎原の火のごとくひろがりました。一九七五年のいっせい地方選挙後には、東京、京都、大阪など九都府県、保谷、日野、羽曳野など九九市、品川、中野など四特別区、九三町村、合計二〇五自治体に革新自治体がひろがり、革新自治体のもとにくらす住民は、総人口の四三%、四六八二万人にまで達したのです。

この結果は、朝鮮戦争を契機に復活をはたした財界を応援団とした自民党政権による反動的支配が、あたらしい貧困の増大、〝緩慢なる殺人〟と呼ばれた公害の発生、大都市における住宅や保育所などの不足、腐敗の横行など破たんに直面していることを示すとともに、革新統一戦線の力こそが、政治の革新と住民が主人公の自治体の実現の原動力であることを力強く示したものでした。

その後、革新自治体のひろがりと施策の前進に脅威をいだいた自民党政権によって革新自治体つぶし＝T．O．K．Y．O作戦(注)が展開されることとなり、美濃部都知事が都民の期待と統一戦線の運動に背をむけた行動をとったことなどにより、一九七九年に革新都政は幕を閉じることとなりましたが、その一二年は、同和行政などいくつかの弱点をもちながらも、憲法がくらしのすみずみにゆきとどく、住民が主人公の地方政治が、首都・東京において実現したことを明らかにしています。

(注) T．O．K．Y．O作戦＝東京都、大阪府、京都府、横浜市、沖縄県の頭文字をとったもので、田中角栄内閣当時に、自治省の応援をうけて、自民党がすすめた革新自治体つぶしの作戦。

戦後の歴代東京都知事

1947～1955	3期	安井誠一郎
1955～1967	2期	東龍太郎
1967～1979	3期	美濃部亮吉
1979～1995	4期	鈴木俊一
1995～1999	1期	青島幸男
1999～2012	4期	石原慎太郎
2012～2013	1期	猪瀬直樹
2014～2016	1期	舛添要一
2016～		小池百合子

革新都政を生みだした力

都民の怒りと要求

佐藤内閣と対決する人に当選後、援助の必要なし

佐藤栄作首相

アカの手から都政を守る

自民党スローガン

美濃部さんもお気を付けになった方がいい、浅沼君の二の舞にならないとはかぎらないよ

赤尾敏大日本愛国党党首

（注）浅沼稲次郎社会党委員長（当時）。一九六〇年に右翼によって暗殺された。

一九六七年の第六回全国統一地方選挙は、自民党の退潮と革新勢力の前進、蜷川虎三京都府知事をはじめとする全国の自治体での革新首長の前進という政治的潮流のなかで実施されました。

直前におこなわれた総選挙（一月実施）でみると、東京における政党間の力関係は、超国家

主義者・松下正寿氏を擁立した自民党・民社党の二〇七万票に対して、美濃部亮吉氏を擁立した共産党・社会党は一七四万票で、三〇万票以上の票差がありました。これにたいして、共産党・社会党を軸に労働組合・市民団体、学者・文化人などのはばひろい都民を結集した統一戦線組織「明るい革新都政をつくる会」が、冒頭のような卑劣な反共反動攻撃をうち破り、革新知事を実現させたのです。

では、自民党擁立候補有利の力関係をくつがえして革新都政を実現させたものは何だったのでしょうか。

政治を動かした都民の怒り

第一に、自民党政治に対する都民の怒りと行動があげられます。

当時、日本は、戦後の混乱から脱し、重厚長大産業を柱とする高度成長路線をつきすすんでいました。東京においては首都圏整備計画にもとづく集中政策や東京オリンピックを好機到来とした都市開発の一方、集団就職や出稼ぎ労働など安上がりな労働力確保がすすめられていました。

こうしたもとで、大企業の繁栄の足下でのあらたな貧困の増大、工場煤煙と自動車排気ガスによる〝緩慢な殺人〟＝公害の深刻化、人口急増に追いつかない水道や保育園、学校施設などの社会的インフラ。上下水道料金、都電・都バス、都営住宅使用料、保育料、高校授業料、動物園入場料などの公共料金の連続値上げ（一九六五年には一七種の値上げ）が都民に押しつけられ、まさに、憲法が保障する「生存権」と「健康で文化的な生活を営む権利」が脅かされる事態に追い込まれていたのです。

住民自治への道

こうしたもとで自覚的労働組合、民主団体、共産党など三九団体によって「都民の要求実現と民主都政をすすめる全都連絡会議（全都連）」が一九六五年に結成され、「私の要求運動」が全都でとりくまれることになりました。この「私の要求運動」にもとづく、対東京都交渉（翌年三月・第一次対都交渉）には二五七団体、代表八七〇名が参加。都民が直接、東京都に怒りと要求を突きつける場となりました。

このことは、都政史上はじめて、都民が「都政の主人公」として登場したことを意味し、住民自治への道を切りひらく、画期となるとりくみとなりました。

同時に、多くの都民は、この経験を通じて、自分たちの要求を実現すること、都民の立場に立った都政を実現するためには、都議会の力関係を変え、都民の代表としての革新知事を実現することが不可欠であることを自覚することになったのです。

統一戦線の力

中村錦之助、勝新太郎、高峰秀子、吉永小百合……

革新都政を実現したもう一つの力。それは、広範な都民の共同、統一戦線の力です。

革新都政実現の母体となった「明るい革新都政をつくる会」は、共産党、社会党を軸に、総評、東京地評などの労働組合、新婦人の会、婦人会議、全商連など四九四の団体、大内兵衛、中野好夫、志賀直哉、有吉佐和子などの学者・文化人や弁護士など各界・各分野の著名人一八三一人によって構成されるとともに、各区市町村や職場でも「つくる会」が結成され、まさに、都民あげての運動がくり広げられたのです。

冒頭の、当時の映画界を代表するトップスター四人は、呼びかけに応えて「つくる会」に結集したもので、この革新の統一戦線がはばひろい人々によって形成され、支持されていたことを示すものです。

対等・平等の統一戦線

この「つくる会」が結成されたのは、都知事選挙告示のわずか四日前のことでした。しかし、結果は当初の自民党候補有利の予想をくつがえして、美濃部亮吉候補が四四・五％（二〇〇万票余）を獲得。佐藤栄作首相の肝いりで立候補した松下正寿候補に一四万票の大差をつけて当選。日本の首都に革新の都政が実現することになったのです。

この勝利の背景には、六〇年安保闘争をはじめ、ベトナム反戦闘争などの全国レベルでの共同と統一戦線の経験、一九四六年におこなわれた第一回統一地方選挙での、共産党、社会党をはじめ労農団体が結成した「民主団体共同闘争協議会」（民協）を母体にした長野県知事選挙での革新統一候補の勝利にはじまり、一九五〇年の蜷川虎三京都革新府政の実現など全国での革新自治体の実現と実践の経験がありました。

また、このたたかいは、関係者のねばり強いとりくみで、六〇年安保闘争での弱点（共産党

のオブザーバー参加など）を克服し、①一致点での団結、②対等・平等の立場での共闘、③自主性の尊重、④妨害勢力の排除―を実現したもので、その後の革新共同の指標となる教訓を築いたという点でも歴史的な闘争となったのです。

伏魔殿都政への怒り

同時に、東京における統一戦線の構築には、都民の政治参加の経験もおおきく寄与しています。それは、その前の都知事選挙での東自民党陣営によるニセ証紙、選挙はがきの横流し、外郭団体を使っての買収などの選挙違反事件、現職都議会議長が逮捕された贈収賄事件、オリンピック道路汚職事件、さらには、十五名の都議の逮捕者をだした都議会議長選挙をめぐる買収事件など、腐敗と汚職にまみれた自民党都政に対する都民の決起に見ることができます。その一つが、共産・社会・民社・公明、東京地評、東京新産別、東京同盟など九団体による「都政刷新都議会解散リコール統一推進本部」（一九六五年五月結成）による、都政史上はじめてとなるリコール運動のとりくみでした。

その結果、都議会が解散に追いこまれ、自民党が三一議席を失い、三分の一の少数党に転落。一方、きたる革新都政の与党となる共産党と社会党は、三四議席から五四議席へと前進することによって、革新都政実現の地歩が固められることとなったのです。

革新都政誕生をめぐる動き

1963	4	第5回統一地方選挙　社共統一候補擁立
		都知事選挙違反事件　53名起訴
1964	10	東京オリンピック
1965	3	東京地検 都議会議長選挙汚職事件摘発
	4	同　小山議長逮捕
	5	社・共・公共同で東知事不信任案、汚職議員辞職勧告決議案提出。否決。 都政刷新都議会解散リコール統一推進本部結成（注1）
	6	都議会解散（地方議会解散の特例法）
	7	都議会議員選挙　共2→9 社会32→45 自69→31
	8	刷新都議会開会 全都連結成（注2）
1966	3	全都連　「私の要求」第1次交渉
	7	社・共書記長会談　都知事選挙問題
1967	2	社・共書記長会談　（美濃部亮吉氏の内諾報告）
	3	美濃部亮吉氏立候補受諾 社・共書記長会談　政策協定・組織協定調印 明るい革新都政をつくる会結成
	4	第6回統一地方選挙　革新統一候補が勝利 明るい会　継続的組織として再発足

注1）社会・共産・民社・公明の4政党と東京地評、東京中立労連
　　東京同盟、新産別東京地協、都政刷新市民委員会の9団体
注2）都民の要求と民主連合と政の実現をめざす全都連絡会議

勝利を導いた政策協定

都政のあり方は、勤労者・中小業者・農漁民・青年婦人・知識人その他めぐまれぬ都民の生活と生活環境を守り、改善する都政でなければなりません。また、日本の首都にふさわしい、清潔で民主的で平和な都政でなければなりません。

政策協定前文

一九六七年の都知事選挙にあたって、当時の日本社会党と日本共産党との間で、統一戦線選挙の前提となる組織協定＝「共同闘争の態勢についての協定」とあわせて「東京都知事選挙の政策協定」が結ばれました。

政策協定では、前出のように前文で、革新都政がめざす都政のあり方が明確に示されるとともに、

一、都民本意の明るい民主都政を
二、都民の生活を守り生活環境を改善する
三、物価を安定させる
四、中小、零細企業をまもる
五、教育、文化スポーツの民主的発展のために

六、都財政の民主化と都民のための財源の確保
七、都民の自治権と民主的権利をまもる都政
八、都民の平和を守る都政

の八つの柱と六一項目に及ぶ具体的政策がかかげられました。

政策協定は、都知事選挙一ヶ月前、社・共書記長会談で組織・政策協定の締結が合意されてからわずか六日ほどで作成されたものです。しかし、その政策がおおくの都民の共感をかちとり、選挙勝利にむすびついた背景には、一つ一つの政策が、長年にわたる自民党都政もとで置き去りにされてきた都民の切実な要求にもとづくものであり、また、「私の要求運動」をはじめ、公害闘争、基地・平和運動など都民自らの対都要求運動に裏付けられたものだったからにほかなりません。

この点が財界や大企業、ひとにぎりの富裕層のための政治をすすめる自民党の政策との決定的違いであり、自民党都政打倒の原動力となったのです。

また、この政策協定は、戦後の自治体選挙において、はじめてとなる体系的・総合的政策であり、自治体の転換の方途を示した点で、画期をなすものでした。そして、その後の革新勢力の政策の嚆矢《こうし》となったのです。

美濃部候補の九つの公約

候補者となった美濃部氏は、政策協定締結にあたって、その「実現に努力する」ことを表明

するとともに、選挙戦にあたって、
・都市たる価値は高層ビルや高速道路だけではかれるものではない。私は今の劣悪な一般都民の生活環境を、緊急かつ徹底的に改善する
・巨費を投じて壮観を誇るより、まず地域にこれら（注：図書館・婦人会館・労働会館・児童館・運動場やプールなど）の施設を普及させていく
・東京には権力と富が集中するが、その裏側には貧困と不幸が進行する。都政はこれら底辺の都民の味方でなければならない
・革新都政こそが真に中小企業を守る都政であることを実証する
・都政の民主化、科学化をはかる
・都の軍事化に極力抵抗する
などの、政策協定をふまえた「九つの公約」を提示しました。

革新都政一二年の礎に

そして、この政策協定と九つの公約で掲げられた政策・公約は、都民運動を背景につぎつぎと実現にうつされ、保育所の増設と未認可保育所の助成、保育職員の待遇改善、老人医療費無料化、心身障害児の全員入学、都営住宅の大量建設、公害防止条例、立川基地全面返還など、革新都政三期十二年を通じて築きあげた全国に誇る住民サービスの礎《いしずえ》になったのです。

革新都政がきり拓いたもの

地方自治

都政を推進していくのに、最大の協力者は都民でなければならない
いままでの都政のように、顔を政府の方にばかりに向け、都民の方には向けない都政はやめなければならない

一九六七年に東京都知事に就任した美濃部亮吉氏は、のちに、都政のあるべき立場をこう述懐しています。

そこには戦後、新憲法で地方自治が規定され、地方自治法が定められたにもかかわらず、都政が、戦前からの保守勢力に牛耳られ、都民不在、国言いなりの「官治行政」ともいうべき都政運営が継続されてきたからに他なりません。

そこでは福祉や医療は救貧対策におし止められ、大企業言いなりの公害行政、対米従属の基地・平和対策などがまかり通り、おおくの都民との矛盾をひろげていました。これに対して、革新都政は、憲法が生活のすみずみに生かされる都政、都民が主人公の都政の旗を高く掲げ、真の地方自治をきり拓くために奮闘したのです。

都民との対話からスタート

革新都政は、まず、〝都民の方に顔を向けること〟から都政をスタートさせました。

それは、都知事との「都政対話集会」です。第一回は、革新都政が誕生した三ヶ月後の七月に開催されました。その後、第一期の四年間に五八回開かれ、美濃部都知事はそのすべてに出席し、都民と懇談、そこで話し合われたことが都政の場で実現に移されました。この対話集会は、任期の十二年間に二〇六回開催され、美濃部知事はそのうち百二回に出席。参加した都民は延べ三万三八〇〇人、発言者は二九〇〇人に及んだのです。

また、美濃部都知事は、おおくの市民団体との懇談や要請にも積極的に対応しました。保育の集まりに挨拶のため出席した都知事が予定を大幅にオーバーして懇談。その結果、実現したのが無認可保育所への支援です。

このような都知事が直接、都民の声を聞くということはそれ以前の都政にはまったくありませんでしたし、鈴木都政以降も実現していません。知事就任後、財界幹部らとの懇談に終始し、その要求にもとづいて都政運営をおこなった鈴木俊一都知事や石原慎太郎都知事とは大違いです。

また、革新都政は、都主催の憲法行事として「憲法記念・地方自治を守る集い」（一九六八年五月二日）を開催。「東京に憲法を実現するということは、何よりもまず東京に平和を実現するということ」（美濃部都知事）と都民に呼びかけました。

また、都市づくりへの都民参加では、「青空と広場の構想」（一九七一年）で都市計画への市民の参加を打ちだし、「都民参加による都市改造運動」を中心課題としてすえたのです。防災を名目に住環境破壊、住民追い出しの都市計画道路・特定整備路線を強権的におしつける現都政は、この革新都政の姿勢に真摯に学ぶことが必要です。

国の支配からの脱却

革新都政時代も、いまも、都民の苦しみの根源は自民党が支配する国による悪政推進にあります。これに抗して切実な都民要求を実現するには、国の妨害をはねのけ、東京都が自ら国の悪政から都民を守る防波堤の役割を果たすことが不可欠です。

その点でも革新都政は、「佐藤（注：当時首相）さんの自民党政治をストップさせる以外に、都民の幸せはない」（美濃部都知事）として、〝ストップ・ザ・サトウ〟を掲げてたたかい、都民運動と連携することで認可保育所の増設や老人医療費無料化、公害対策をはじめ、米軍基地返還、区長公選制などをつぎつぎと実現したのです。

また、国の執拗な干渉に抗して財政自主権や大企業への適正な課税などの自主財源確保でも前進をかちとりました。

対話から参加へ

・一期目の対話集会は、積もり積もった都政への不満を直接、知事にぶつける形の、一種の陳情的性格を帯びていた
・二期目以降は、具体的な問題を都民とともに考え、解決の手がかりを探る、という一歩進んだ内容が多くなった
・とかく一方通行になりがちの対話から、さらに一歩進め、都民とともに考える都政を実現させるため、私は「都民参加」呼びかけた

都知事12年・朝日新聞 1979.07.01

革新都政が誕生する以前の都政は、「国の政策を遂行する下部機関であって、本来の責務である住民の生活を守るということを背後に押しやって」（都政一九七一・坂井丈夫）きました。その流れを一八〇度転換し、都政が「住民の福祉の増進」を責務とする自治体に成長するためには、革新の知事とそれを支える議会とともに、住民が主体となって都政を動かしていくことが不可欠の課題でした。

同時に、それはながく天皇制支配と中央集権の官治制度のもとに置かれてきた国民・都民に

とって、未体験の課題でもありました。

「明るい革新都政をつくる会」に結集した市民団体、要求団体、労働組合、学者・研究者・文化人などは、この呼びかけに応えて、都政に積極的に参加することで、都政を改革、住民が主人公の都政を一歩も二歩も前進させることになったのです。

それは一二年にわたる革新都政のさまざまな成果とともに、住民参加でつくられた自然保護条例や消費者保護条例などをはじめ、公害監視活動、杉並ゴミ問題、放射三六《サブロク》号道路建設、江東区の防災拠点づくりなど、都政史に歴史を刻むことになったのです。

なかでも革新都政が誕生とともに解決に迫られていた公害対策では、公害防止条例の制定とあわせて、地域代表、労働組合、女性団体、被害者団体など一〇〇名で構成される公害監視委員会が設置され、四つの地域別部会で、各地域の公害、環境問題を議論し、知事に提言をおこなう仕組みがつくられました。現在も継続してとりくまれている大気汚染の住民測定運動の立ちあげにあたっては公害監視委員会の責任者が運動団体の実行委員長に就任。行政と都民が一体となったとりくみがすすめられました。

また、廃棄物問題では、有名な「ゴミ戦争宣言」を提起し、「ゴミをださない生産や生活」など川下対策から川上対策への転換にとりくむことで、のちの過剰包装追放運動など消費者運動の発展をうながすことになりました。

環境アセス条例制定でも、革新都政は都民参加の「東京における環境アセスメントを考える委員会」を設置。鈴木都政のもとで骨抜き条例として制定されることになりましたが、第三者委員会によるアセスの実施や住民意見の反映などを柱とした実効性のある条例案を策定、都議会に提案したのです。

激しい反対運動が展開された都道放射三六号線（豊島区要町一丁目〜練馬区早宮一丁目）では、道路は建設されたものの、東京都が住民の参加と合意を重視し、住民投票を提案。住民参加の「調査会」を設置するなど、住民参加がつらぬかれました。

たとえ橋一つつくられるにしても、その橋の建設が、そこに住む多くの人との合意が得られないならば、橋は建設されない方がよい。人々は今まで通り、泳ぐか渡し船で渡ればよい。

フランツ・ファノン

美濃部知事によるこの言葉の引用は、「ひとりでも反対がいたら道路をつくらない」などとねじ曲げられ意図的な革新都政攻撃に使われましたが、その本意は、「住民自治の理念と住民参加の姿勢のあり方」を都民に示すことであったのです。

自治体改革　都民に顔を向ける

美濃部都政になってから、東京都の予算編成はコペルニクス的転換をしました。予算の仕組みが科学化され、明朗化されました。シビル・ミニマムを組み込んだ計画を骨格に編成し、計画と予算を一致させ、産業基盤優先型から都民生活優先型に180度転換したのです。

スマイルと決断　明るい革新都政をつくる会

一八八八年。明治憲法下で市制町村制がひかれ、一八九〇年には地方公共団体としての府県・郡が制度化されるなど、「近代的」な地方制度が施行されました。しかし、天皇制支配下の制度であり、地方自治というにはほど遠く、都道府県知事は国が任命する官吏とされ、内務大臣には地方に対し、監督上必要な命令を発し、処分をおこなう「一般的監督権」が与えられていました。

戦後、「地方自治」が明文化された新憲法が公布され、「地方自治法」も制定されました。ところが、新憲法にそって実施された第一回統一地方選挙では、四六の知事のうち官吏出身者が三二名、戦前の任命による知事経験者が二八名（重複有り）で占められることとなり、国会では憲法九二条について、「自治をどうしても認めなければならぬ、また、大いにこれを推進させなければならぬというような意味はない」「現在の地方制度の建前は（略）憲法改正後におきましても、これを維持していった方が適当であるという結論に達している」「今後の地方行政の組織も、根本的には、現状とあまり建前は変えないでやっていく」（大村清一内務大臣）という政府答弁がおこなわれていたのです。

都政では、安井・東保守都政のもとで住民のいのちとくらしを守るという役割が放棄され、財界いいなり、自民党政治追随の都政が継続されていました。
一九六七年の革新都政の誕生は、このような都民不在の都政に終止符をうち、新憲法が定めた本来の自治を実現する機会をつくることになりました。そして、この自治体改革の炎は、全国の自治体に燎原の火のごとくひろがることとなったのです。

都民が主人公

革新都政時代、企画調整局長を務めた柴田徳衛氏は「革新都政になって、いちばんかわったことは、都政が都民にとって身近なものになり、都民が都政の主人公になったことです」(21世紀の都市自治への教訓、以下21世紀)と保守都政と革新都政の根本的な違いを紹介しています。
革新都政は都民のとの対話を推進するとともに、真に住民自治を促進するためには、都民の参加が不可欠と考え、公害闘争、福祉、都市づくりなどさまざまな局面で都民参加をすすめました。

この報告書は、都政を考えるための一つの素材といえましょう。これを手がかりとして、都民のみなさんが、都政について大いに論議され、より積極的に都政に参加されることを希望してやみません。

都政白書'69 まえがき

憲法が生きる

保育所はできる限り多く必要であり、無認可保育所に手を差しのべることは、憲法の精神を生かす道

美濃部亮吉回想録

高度成長政策のかげで多くの都民は貧困と格差に苦しめられていました。このような時に、革新都政は憲法が保障する生存権、幸福追求権を保障し、「権利としての社会福祉」を実現するために全力をつくしました。また、都の主催で憲法と地方自治を守る「つどい」も開催されたのです。

都政の科学化、計画化

美濃部都知事は、「都政に新しい科学と技術に基づく計画を導入」するとして、中期計画やシビル・ミニマムを策定、都民に示して都政をすすめました。また、都庁外部の学者や学識経験者をあつめて「行財政臨時調査会」「東京問題調査会」を設置。科学と計画にもとづく都政運営の道を切りひらいたのです。

都民に顔を向ける

「それにしても知事と都庁官僚、とくに幹部職員との関係はこの四年間ですっかり変わった」

都政 1971 No.4

それまで保守都政に仕えてきた都の職員の意識を変え、「全体の奉仕者」(憲法一五条)に生ま

れかえらせることによって、都政が本当の意味での地方自治体へと成長することとなりました。

「予算がない、法規上の根拠がない、前例がない、のないないづくしで住民要求を切り捨ててきた官僚主義的な姿勢も、克服の方向にむかって進みはじめたのです。」

向谷正夫・都職労委員長当時・21世紀

これまで中央政府に向いていた都の職員のカオを、いまでは、一〇〇%そうなったとは申せませんが、感じとしては六〇%ぐらいは都民の台所の方へ首を曲げるようになった。

美濃部知事・一九七一年

国と対決

都民の立場にたった都政の推進は、当然のことながら自民党政府と真正面から対立することとなりました。しかし、この時、革新都政は、「諸事前例のないことをやろう、前例を破ろう」「国とけんかしてこい」（柴田・21世紀）といって国の妨害をはねのけ、無認可保育所助成や先駆的な公害対策などを実現したのです。

見えない建設

革新都政は、さまざまな分野での民主的な運動の促進、自治体労働者との共同など最終的には都民に便益として還元される〝見えない建設〟といわれるとりくみも重視しました。例えば、社会教育の分野では、東京都社会教育委員会議による答申や助言が、民主的な社会教育・文化活動にたずさわる多くの都民に示唆を与え、励ましを与えることとなりました。教育行政でも、「権力的な学校管理は次第に後退し、教育の現場にふさわしく、教職員の自由と創意が生かされる実践・職場の民主化のとりくみが力強く」（ひろめよう革新都政の12年の実績・東京都区職員労働組合）すすめられることになったのです。

権限なき行政の展開

地方自治体は、三割自治といわれる制度のもとで、財政も権限もきわめて制限されています。こうしたもとで革新都政は「横出し」「上乗せ」などのサービス拡充に積極的にとりくむとともに、国の専管とされる労働行政についても、労政事務所が企業に対して実質的指導をおこない違法労働行為を是正させるなど、労働運動と連携して労働者の権利を守るとりくみも前進させました。

都政は、自らの権限の及ばない範囲については、都民の世論の力や市民運動のエネルギーと結びついて、都民生活の防衛を図っていかなければならない。権限なき行政の展開は、都民とともに進むことによってはじめて可能である。

都政白書'69 まえがき

革新都政の一二年は自治体がやる気なればさまざまな制約のもとでも、住民の要求に応えることは可能であることを示しています。

権利としての社会福祉

革新都政の四年間は〝権利としての社会福祉〟に向かってふみ出された第一歩だった。

都政 1971 No.4

革新都政誕生前夜の都政は、利権と腐敗にまみれた伏魔殿であるとともに、都民生活おきざりの都政でもありました。

当時、日本は、「神武景気」にはじまる高度経済成長期のただなかにあり、なかでも東京は、東京オリンピックによる都市改造と産業・経済の東京集中にわき立っていました。同時に、その光の陰では、格差のひろがりとあたらしい貧困が顕在化し、とりわけ、高齢者や障害者、働く女性などに、しわ寄せが集中的に現われることになりました。

例えば、高齢者では六〇歳以上の「老人」の生活保護受給率が一般都民の三倍に達し、「自分の収入、年金、財産で食べて行かれないとする人」が「老人」人口の「三分の一」（東京を考える　都政白書'69、以下白書）を占めるにいたっていました。高齢者は、「働く場がない、蓄積がない、保障がない」（白書）という、まさに、ないないづくしの状況に追いこまれていたのです。

障害者の生活も深刻で、就労の場はきわめて限られ、くわえて、東京都が「心身障害者に対して積極的な姿勢を示さなかった」もとで入所施設が圧倒的に不足。心身障害者の「療育」は、「多くが家族負担によって処理」（白書）されざるを得なかったのです。

経済的理由で働く女性にも矛盾が集中しました。「賃金が低くて生活は楽でない」「一般の生活様式が向上していくのになかなか追いつけないという新しい貧乏」（白書）が押しつけられるとともに、「働く母親」の場合は、就労の基礎的条件となるべき保育の場が保障されず、公私立の保育所に入所できた乳幼児は全体の四割余。おおくの母親が就労をあきらめるか条件の悪い無認可の保育所に子どもを預けざるを得ませんでした。

民生費はわずか三・八％

こうしたことがまかり通った背景には、当時の日本の福祉が、明治憲法下で制定された、家族や親族・近隣による扶養や相互扶助を前提に、これに頼ることができない「無告の窮民」＝身寄りのない極貧者、老衰者、廃疾者、孤児などのみを対象とした「恤救規則《じゅっきゅうきそく》」（一八七二年）の流れのなかにおかれ、戦後、新憲法が制定され、「生存権」「幸福追求権」などの諸権利が定められたにもかかわらず、国も東京都もこの立場に立つことを拒んでいたからにほかなりません。

当時、日本の国内総生産（ＧＤＰ）は、戦後の生産力が戦前の最高時をうわまわり高度成長のスタートとなった一九五五年から革新都政が誕生するまでの十二年間だけでも実質ＧＤＰで二・九倍、名目ＧＤＰで五・三倍にも拡大、その翌年の一九六八年には世界第二位に到達するにいたったにもかかわらず、社会福祉は先進欧米諸国とくらべておおきく立ち遅れた水準にとどめられていたのです。

都政でも、革新都政前の東都政時代には、都予算の二五％が公共事業費に投じられる一方、福祉・医療の民生費はわずか三・八％におさえられていたのです。

「救貧対策」からの脱却

また、当時の法学の世界においては、「公共施策は国の恩恵による給付行政で、市民の『権利』でなく、国の施策の『反射的利益』である」（松下圭一氏・21世紀の都市自治への教訓）という考えが支配的でした。

これに対して、革新都政は「東京には権力と富が集中するが、その裏側には貧困と不幸が進行する」ととらえ、「自民党政府の高度成長政策に見捨てられた、いわゆる『社会的弱者』の生活を守ることを、革新都政の存在をかけた事業と考え」（美濃部都知事）ることで、国の妨害をはねのけ、全国に先駆けて、老人医療費無料化や無認可保育所への助成、児童手当や心身障害者扶養年金制度などを創設。「権利としての社会保障」の実現に邁進したのです。

シビル・ミニマムの提起

シビル・ミニマムを中心に住民の生活を考える思想は、日本の政治に、更に住民自身の判断にも決定的な価値転換をもたらしました。いまでは、全国の自治体に波及し、政府の産業優先政策に変更をせまる巨大なうねりとなって高まっています。

スマイルと決断　明るい革新都政をつくる会

シビル・ミニマムは、革新都政によって、はじめて地方自治体の政策指針としてうちだされたもので、その理念は、「全ての国民の健康で文化的な最低限度の生活を営む権利を保障している日本国憲法の約束を実現すること」（東京都中期計画１９６８年）とされ、その内容は、ひとりの都民が人間らしい生活をするにはこれだけの制度や施策、都市施設が必要だ、という水準をシビル・ミニマムとして定めたものです。

この当時、おおくの先進国では労働運動のたかまりと、社会主義を目指した国々で先進的にとりくまれた医療無料化や八時間労働制、教育の無償制などの施策に対抗するかたちで、〝福祉国家〟がかかげられ、その具体化としてのナショナルミニマムの考え方が導入されていました。

日本においても、戦後の新憲法のもとで、生活保護制度や国民皆年金制度の導入をはじめ、地方自治体を通じてのナショナルミニマム実現の方途として、地方交付税制度や国庫支出金などの財政システムがつくられました。

しかし、自民党政権下のナショナルミニマムの水準は、現実の国民生活の水準に比べて極端に低く、とりわけ、高度成長の中で急激に肥大化した東京などの大都市においては、国民生活一般には解消できない課題や、公害、都市におけるあらたな貧困と格差の増大などが顕在化し、都民は困窮を強いられることとなっていたのです。

都民生活のあらゆる部門に

そこで、革新都政は、「現実の都民生活の実態から出発」して、「都市のひずみによって生活が破壊され、物価の上昇にあえぎ、人間としての悲痛な叫びをあげる都民ひとりひとりの身になって行政を計画」し、「近代都市が当然備えていなければならない条件の最低限、すなわち、住民が安全、健康、快適、能率的な生活を営むうえに必要な最低条件」（中期計画）としてシビル・ミニマムを定め、そのシビル・ミニマムを「都民生活のあらゆる部門に設定」（スマイルと決断）することとしたのです。

そしてシビル・ミニマムの設定にあたっては「たとえば、遊び場は子どもが２５０ｍぐらい歩けば行ける距離に最低一カ所必要であるとか。下水道は都民が生活するあらゆる地域に普及している必要があるとか」（同）、という、都民目線が基準とされたのです。

シビル・ミニマムは、毎年度の予算で具体化されるとともに、「いかにしてシビル・ミニマムに到達するか」の副題が冠せられた「東京都中期計画」（一九六八年〜、毎年ローリング・のち東京都行財政三か年計画）や「都民を公害から防衛する計画」、「広場と青空の東京構想」（一九七一年）を通じて具体化されていきました。

そこに示されたものは、都民の要求に積極的に応えるという姿勢にとどまらず、シビル・ミニマムの実現を、自治体自らの責務としてとらえ、自律的に都民生活の改善・向上につとめるというもので、「自治の本旨」にたった姿勢に外なりません。

こうした革新都政のもとで、保育所の増設や無認可保育所への助成、老人・障害者・公害患者の医療費無料化、老人病院の建設、障害児の希望者全員入学、心身障害者総合研究所や補装具研究所の設置、勤労福祉会館の建設、消費者行政、排気ガス規制、私学助成、上下水道など、都民生活全般にわたる施策が計画的に実現されることとなったのです。

政権交代なき政策転換

シビル・ミニマムは、このように生活に困窮する都民の応援の仕組みであるとともに、その一方で、資本主義のもとで一部の資本家階級に収奪された労働者が生みだした富をとりもどし、再配分する役割を果たすことでもありました。

革新都政でスタートしたシビル・ミニマムは、全国の自治体に波及し実践にうつされることで、老人医療費無料化、公害対策などのように、国にもおおきな影響を与えることとなりました。
富の再配分の再編という点で、このシビル・ミニマム論は経済企画庁や自治省で当時も熱心にも読まれ、やがて、「政権交代なき政策転換」をひきおこしていきます。

松下圭一　21世紀の都市自治への教訓

社会的平等の実現

すべての人に平等の権利を

スマイル・明るい革新都政をつくる会

都は法令の網や国の無策で谷間に沈んでいた福祉ニーズを単独でキメ細かく拾い上げてきた。例をあげれば、保育事業・生活保護者などへの法外援護、未（無）認可保育所助成、心身障害者（児）への福祉手当や医療費助成、寝たきり老人のための福祉手当、所得制限導入で問題となった敬老乗車証交付や老人医療費助成などいくらでもある

美濃部都政12年　太田久行

繁栄の陰に隠された貧困

憲法第25条は、「すべての国民は、健康で文化的な最低限の生活を営む権利を有する」と、国民の生存権を定め、第2項で、「国は、すべての生活部面において、社会福祉、社会保障及び公衆衛生の向上及び増進に努めなければならない」と生存権を実現するための国の責務を規定しています。

しかし、現実の政治は、この規定をないがしろにし、国民の世論と運動によって前進が切りひらかれることはあっても、基本的には、格差と貧困、生活の困窮を国民におしつけきたのです。

都政においても、革新都政誕生前の東都政は、〝欲しがりませんオリンピックまでは〟とばかりに都民のための予算を抑え、「病気になってもお医者さんにかかれない」「働きたくても子どもを預けるところがない」「国の生活保護では物価の高い東京では暮らしていけない」「無権利状態におかれている障害者（児）」など、深刻な事態が生みだされていたのです。

東京は「高度成長」をおしすすめる自民党政治の中心の舞台となっています。このため、政府自民党によって、大資本の利益は大切にされる反面、都民の生活はないがしろにされているのがじっさいです

東都政の時、現在の鈴木知事は福祉担当の副知事だったのですが、東京オリンピックのために、福祉予算を削りまくっていました

証言◆美濃部都政　上坪　陽

老人健診を受けた95000人のうち56%が治療を要するとされていながら、東・鈴木都政時代には受診率が65歳以上の老人対象者のわずか12・4%という低さだった

革新都政史論　有働正治

革新都政の挑戦

戦後間もなくして復活した日本独占資本によるむき出しの搾取と収奪の攻撃とこれを政治の場で推進する自民党政治に対して、革新都政は、都民と統一戦線の力を後ろ盾にして対抗。地方自治体として、できうる限りの努力をつくすことで、東京における「社会的平等」の実現に努めたのです。なかでも、四七頁の引用で示された施策のおおくはいずれも経済的給付事業とされるもので、その性格は、富の再配分による社会的平等の実現にほかなりません。

これに対して国は〝違法だ〟などといって激しい攻撃をくわえ、妨害を企ててきました。国が、執拗にこの経済的給付事業を敵視し、妨害したのは、これが憲法の具現化であり、格差と

貧困を必然とする資本主義制度への挑戦であったからではないでしょうか。
そして、革新都政が先陣をきって切りひらいたさまざまな施策は、時をおかずして、全国の自治体にひろがっていったのです。

きょう東京で起きたことは、あす日本で起きる

田中角栄自民党幹事長・中央公論

東京に青空を

東京における各種の公害は、年ごとに拡大し、いまや都民の健康と生活は破滅寸前まで追いやられているといっても言い過ぎではない。

東京を考える――都政白書'69

戦後、高度成長をつづける日本では、水俣病、イタイイタイ病、カネミ油症、四日市ぜん息の四大公害病が発生、深刻な公害が全国をおおいました。
巨大産業が集積する東京においても、東京オリンピックが開催された一九六〇年代を迎えるなかで、工場煤煙や自動車排気ガスに起因する大気汚染、工場排水が流れこむ川や海の汚れ、

六価クロムなどの産業廃棄物による土壌汚染などが顕在化していました。

公害のあいつぐ発生

快晴なのに薄日が差しているようになり、視界が百《メートル》先くらいまでしか届かない

一九七〇年七月一八日、突然、日本ではじめて発生した光化学スモッグは、杉並や中野など環七周辺地域の学校一〇二校で五九四六名の生徒が被害を受け、「気持ちが悪い」「胸が苦しい」などと吐き気やめまいを訴え、フラフラと倒れ込む生徒が続出、救急車で搬送される事態となりました。

交通量が多く窪地であるために自動車が排出する排気ガスがたまる新宿区牛込柳町交差点周辺では、「身体の節々が痛む」「もの覚えが悪くなった」などの鉛害が、同じ年に発生しました。また、一九七四年には、新しい公害となる酸性雨が首都圏で発生し、「涙が止まらない」「目が腫れ上がった」などの被害が報告され、やがて、多摩地域の森林の立ち枯れ被害もうまれるようになりました。

泡が一面に浮き、異臭が発生。川遊びができないどころか、魚の棲めない川や海

水質汚濁では、浄化処理がおこなわれていない工場から排出される汚染水や家庭雑排水などが流れこんだ隅田川などで深刻な汚染が生まれました。

虫も湧かない、草も生えない「クロム砂漠」

土壌汚染では、一九七五年に江戸川区堀切町（当時）で、六価クロムの不法投棄が発見され、これをきっかけに、江東区などでも、一企業による六価クロムの大量投棄が長年にわたっておこなわれていたことが判明しました。

これらの公害以外にも、東京においては、日照権問題、ゴミ公害など都民生活を脅かす問題が山積していました。

こららの公害は、「経済との調和」を優先し、公害排出企業への規制をタナ上げし、公害対策を怠ってきた、国と保守都政のもとで生みだされ拡大したものです。

画期となった都の公害行政

公害は社会的殺人であり、その責任は最大の発生源である企業にあり、またそれを許してきた政治と行政にある。

美濃部亮吉都知事

一九六七年に誕生した革新都政が直面し、最初に手がけた仕事の最大のものが、この公害から都民の健康と生活を守ることでした。

そして、このとりくみは、国を動かし、全国の自治体の公害行政の先駆となりました。

その特徴は、①原因者責任＝企業責任の明確化、②国と対峙し国を動かす、③科学的アプローチと対策の体系化、④都民参加と現場第一―にありました。

壮大な実験――都民との協働

資本主義的生産と企業中心の都市開発によってもたらされた東京の公害。革新都政と都民は、この二十世紀の難題に挑むこととなりました。

私は東京を公害防止に関する先進地域にするため全力投球する

美濃部亮吉都知事

公害に対するとりくみは、それまでの自民党保守都政が何もしてこなかったため、まさに、手探りの状態からのスタートとなりました。

キーポイントの一つが、革新都政がかかげた「科学的都政」のとりくみです。まずはじめに実現したのが公害研究所です。革新都政誕生の翌年に設立されたこの研究所は、「公害の実態を科学的に研究し、防止技術を研究開発する総合的な調査研究機関」とされ、「公害現象の技術的調査研究」にとどまらず、公害で都民一人一人がどの程度の経済的損失を被っているのかなどの「社会科学的研究」にもとりくむこととなりました

なかでも重要な役割を果たしたのが、自動車排気ガス実験室でした。当時、大手自動車メーカーと政府は、自動車排気ガスの五一年規制達成は「不可能」と抵抗していました。しかし、実験室は、その「五十一年規制」にほぼ到達している車があることを調査によってつかみ、財界や政府の激しい抵抗をうちやぶる論拠を示すこととなったのです。

一九七〇年には、それまで各局それぞれでおこなわれてきた公害行政を一元的にすすめる組織として公害局が、全国ではじめて設置されました。設置の背景には、光化学スモッグ、新宿牛込柳町における鉛汚染などの公害がこの年に集中して発生、あらたな公害に挑戦する体制が不可欠となったことがあります。

〝都民の公害憲章〟といわれた東京都公害防止条例の制定も画期的な出来事でした。憲章と呼ばれるにふさわしく、条例は、その前文で、「すべての都民は健康で安全かつ快適な生活を営む権利を有する」（第一原則）ことをかかげるとともに、東京都が「あらゆる手段をつくして公害の防止と絶滅を図らなければならない」（第三原則）ことなどを高らかに謳いあげました。また、国や財界が押しつけてきた「経済発展との調和」条項をもたない条例として、全国のモデルともなったのです。

一〇〇名のマンモス委員会

自治体推薦七十名、団体推薦三十名合計百名のマンモス委員会として発足した公害監視委員会。地域代表、労働組合、女性団体、公害被害者の団体などで構成されており、まさに、都民・都民団体と東京都の協働のとりくみの場として「民主的都政」の代表的存在となりました。

委員会は、「委員が現場を直接訪ねる」「会報を定期的に発行する」「文章は、事務方（東京都の職員）に任せるのではなく、委員会の責任で答申・提言を作成する」などの原則をつらぬくことで、行政から独立した第三者機関としておおきな役割を果たすことになりました。「五一年規制」の実現にあたっては「総量規制」をもりこませ、大気汚染測定運動で

革新都政が実施した主な対策・機構・構想

1968	公害研究所発足
	火力発電所の公害防止に関する覚書を東京電力との間に締結
1969	東京ガスとの間で公害防止協定を締結
	大気汚染コントロールセンター開設
	公害研究所に自動車排気ガス実験室設置
1970	東京都公害防止条例
	公害局発足
1971	広場と青空の東京構想（試案）
	都民を公害から防衛する計画
	公害監視委員会発足
1975	日本化工の六価クロム公害で報告書
1977	住民参加による日本化学工業クロム公害対策会議発足（官民共闘）
1977	東京都における環境アセスメントを考える委員会発足

も中心的役割を担いました。

計画的行政では、「都民を公害から防衛する計画」や「青空と広場の東京構想」（いずれも一九七一年）を策定。単年度予算による行政執行の限界をのりこえ、長期的な視点で計画的な行政運営を実現する道をきりひらきました。

これらのとりくみによってきりひらかれた成果のひとつが、東京電力、東京瓦斯（二社だけで都内の亜硫酸ガスの三十%を排出）との間で結ばれた公害防止協定（一九六八年）です。この協定は、瞬く間に全国にひろがり、二年後には、二十七都道府県七十九市で協定が結ばれるにいたりました。

このような努力が実って、東京に青空ときれいな水がとりもどされ、〝富士山が見える日が七倍にも増えた〟〝隅田川の水質が環境基準を達成し、河口でハゼがよみがえった〟一七年ぶりに隅田川花火が復活した〟など、自然の回復を肌で感じることができるようになったのです。

自然の回復

東京の都市改造において今日なによりも急務とされることは、破壊された自然を回復し、（略）太陽と豊かな緑に囲まれた住みよい都市、そして、災害に強い都市をつくることでなければならない。東京をいたずらに鉄とコンクリートの都市にしてはならないのである。

都は「自然の回復」を都市改造を進めるにあたっての基本的な課題の一つとして位置づけている。それは、単に現在残されている自然を保護するだけでなく、失われた自然をも回復しようとするものである。

広場と青空の東京構想―試案発表後のあゆみ― 1973

短期間に、戦災からの復興と高度成長を遂げた東京は、その一方で、自然破壊がすすみ、都内の緑地は都の面積の三分の一に減少することになりました。

こうしたもとで革新都政は、自然の回復を都政運営の柱の一つに位置づけて、積極的にとり組むこととなったのです。

そして一九六八年にシビルミニマムの具体化として「東京都中期計画」を策定し、つづいて「自然の破壊自体を停止させ、自然と人間を回復する」ことを目的とした、「広場と青空の東京構想　試案」を発表。自然保護憲章の制定やオープンスペースの拡充、緑化の推進、保護が必要な区域の買収などの緑のシステム計画などを都民に提案しました。

一九六八年の都市計画法改正に対応して「①生活環境の保護および改善、②都市公害の防止、③都市防災の強化、④都市機能のよみがえり」（証言　美濃部都政　浜本一雄）を柱にした「地域地区改正の基本方針」を策定しています。

自然保護条例制定

東京構想で提起された自然保護憲章は「東京における自然との保護と回復に関する条例」として都民参加で実現。条例では自然の保護と回復に関する責務を明記するとともに、公共施設の緑化、農地の保存、保全地域の指定、土地の買い入れや開発に対する規制、都民参加などを定めています。

公園の整備

当時、東京における都市公園は「大部分は、皇族や大名の私有地であったもの」(都政白書'69)で、住民一人当たりの公園面積はわずか一・〇五㎡と、世界の大都市とくらべて極めて貧弱な水準に置かれていました。

このため、「これからの街づくりには公園や遊び場を優先して考えるという、行政の姿勢そのものの確立が必要」だととして、都民一人当たりの都市公園の面積を一九八五年までに都市計画法が求める六㎡の水準に引きあげることとし、用地買収予算を拡充しました。

多摩地域では、野川公園、神代植物公園、武蔵野公園、多磨霊園、調布飛行場、浅間山公園、府中の森公園などによる「武蔵野の森構想」もとりくまれました。

生まれも育ちも革新都政

葛西沖から羽田沖にいたる海域を都民の手にとりもどすという東京構想の基本的考え方に基づいて、55年度を目途に、公園、体育施設等を整備し、都民のレクリエーションの場として開放しようとするものである。

（広場と青空の東京構想―試案発表後のあゆみ）

急速な湾岸埋立によって失われた水辺環境を取り戻すために、革新都政は、お台場、夢の島、葛西沖などを核とする海上公園構想を発表（一九七〇年）。巨大な人工浅瀬の葛西臨海公園や夢の島公園など、都民がレジャーやスポーツを楽しめる大規模公園を整備しました。海上公園は現在三六箇所におよんでいます。

また、自然公園として都民の森（奥多摩）を整備し、今日、おおくの都民に親しまれています。

こうしたとりくみの結果、東京都の公園は、革新都政のもとで二倍化（一九六七年～一九七七年）するこ

住民1人当たり公園面積

都市名	m^2／人
ワシントン	45.2
ウイーン	26.7
アムステルダム	14.1
ニューヨーク	11.9
モスクワ	10.9
（都市公園法の定め）	6.0
東京都	1.05

1969年当時、東京都資料

とになったのです。

緑化の推進

東京都は、自然の回復のとりくみには都民の参加と協力が不可欠だとして、市民の緑化運動を重視し、植木業者への苗木の委託生産と都民への配付やみどりの監視員制度などを導入して緑化を促進しました。

革新都政のとりくみで前進した東京都の環境

	１９７１年	１９７７年
東京から富士山がハッキリ見えた日数	４日	２９日
	１９６５年	１９７７年
隅田川の水質(BOD)	２０．６ppm	環境基準達成　３．９ppm
	１９７３年	１９７７年
東京湾の水質(BOD)　羽田沖	６．５ppm	環境基準達成　４．５ppm
いおう酸化物（ＳＯ2）	０．０７９ppm	環境基準達成　０．０２１ppm
一酸化炭素（ＣＯ2）都庁前	６．３ppm	環境基準達成　２．６ppm

革新都政史論（有働正治著）より作成

革新都政が実現したもの

ポストの数ほど保育所を

さまざまな都民要求を背景に誕生した革新都政が、まずはじめにとりくんだのが待機児解消や保育者の雇用環境改善、保育の質の向上など、子育ての問題でした。

当時、日本は戦後の混乱期をのりこえ、高度成長期に入り、とりわけ、東京はおおくの産業が集積、人口も急増、学校、保育所、公共施設などの社会的インフラの不足と劣悪な雇用環境に置かれていました。

革新都政発足当時（一九六八年）の東京の雇用者は四二〇万人に達し、そのうち女性労働者は約三割、百十八万人を占めるにいたっていました。しかも、この女性労働者の半分が既婚者で、さらにその半分が中学生以下の子どもを養育している状態でした。

このようなめざましい女性の社会進出の一方で、女性が働きながら子育てをする条件は、まったくといってよいほど未成熟なものでした。

母親は家庭に帰れ

にもかかわらず、政府は、財界の意向にそって、女性の雇用市場への参入を促進する一方で、子育てについては、「元来子供は家庭で両親によって保育されることが最も自然な姿」「母親は家庭に帰れ」などと矛盾した政策をとり、働く女性にそのツケをおしつけていました。

また、東京都は、こうした国の政策に追随し、保育行政を事実上、なげだしていました。このため、保育の環境は劣悪をきわめ、都内に保育を必要とする乳幼児が十一万八千人（推定・東京都調査・一九六八年）もいるのに、保育の収容能力は六万七千人で、五七％を占めるに過ぎなかったのです。

とりわけ、ゼロ歳児の場合、認可保育園の受入数はわずか一％にとどまり、おおくは行政の支援のない無認可保育所に頼るしかなく、しかも、絶対量が決定的に不足していたのです。

こうしたもとで、無認可保育所では、「年長百二十人、三クラスを二人で保育しなければならない」「労働時間は平均で九時間、長いところでは十一時間にもなる。昼食などの休憩も取れない」「病気しても休めない」など、子どもも保育者も父母も過酷な状況に置かれていました。公立でも三歳未満児十人を一人で、三歳以上児六十人を二人で保育するところや幼時二十四人を一人、乳児十六人を二人で保育する例も報告され、健康を害して退職する職員も少なくありませんでした。

保育料も、人件費や物価などがあがると、保育料の引き上げに連動する「保育単価制」が導入された結果、毎年のように引き上げられ、無認可保育所の調査では、「保育料が高い」が七八％、「負担が大」が五九％を占めるというような深刻な事態が生まれていたのです。

つぎつぎと施策を実現

これに対して、父母、保育者、園長、女性団体、労働組合などが連帯したたたかいを展開。東京都無認可保育所連絡協議会や東京都保育問題連絡会などの運動団体が結成され、改善要求を掲げて立ち上がることになりました。

こうしたもとで、革新都政は共社の政策協定と知事の公約にもとづき、保育関係者と手を結んで、つぎつぎと施策を実現していきました。

こうして、「これまでの要求が殆ど実現し、東京では全国的にも上位の保育条件がつくられ」（保育所づくり運動史・橋本宏子）ることになったのです。

全国にひろがった東京の保育

東京での保育運動は、働く婦人たちの増設運動に始まり、保育園保護者たちの保育料値上げ反対運動で政治的に目覚め、他の運動に呼応して革新都政を生み出し、無認可保育所への助成に成功し、八時間保育を通勤時間を含む時間に延長させ（略）、大幅な予算増が得られた。

橋本宏子・戦後保育所づくり運動史

当時、美濃部さんの政策でシビルミニマムというのがあって、そのなかに保育所増設計画、ゼロ歳児保育、長時間保育、そして保母養成も入っていたと思います。そして、そのシビルミニマムを実現できるように政策を組んでいったわけです。

証言◆美濃部都政　荒井厳

革新都政が切りひらき、全国にひろがった保育の施策を概観してみましょう。

無認可保育所への助成

その第一は、無認可保育所への助成の実現です。

革新都政は誕生の翌年の一九六八年度予算の重点施策の一つに「保育対策」をとりあげ、無認可保育所に対する補助金として、九一〇〇万円を計上しました。これに対して都議会自民党は「無認可助成は違憲である」（憲法八九条「公の支配に属さない慈善博愛事業に対する公金の支出制限」）と妨害、国も同様に圧力をかけてきました。これに対して、革新都政は、児童福祉法の第二四条但し書き「付近に保育所がない等やむを得ない事由があるときは、その他の適切な保護をくわえなければならない」の規定を実質的に解釈＝保育所が不足しているなかで、無認可保育所がその代替えをしている、とすることで、妨害をはねのけたのです。

無認可保育所の職員の要望であった「もち代＝期末手当」についても、認可保育所と同様に四万円が支給されることとなりました。

ゼロ歳児保育

育児休暇制度がない時代、産休明けからのゼロ歳児の保育の要求が切実なものでした。そこで革新都政は六八年度予算にモデル施設二〇所分の特別予算を計上。その後の三年の間に一六五所のモデル保育所を実現し、ゼロ歳児保育を当たり前の施策にさせました。

保育所増設

革新都政は、保育所整備の目標を年間約百カ所と定め、一期目には、目標には届かなかったものの二八五もの保育所を新設。一〇年間に、公立を八〇六カ所（六一年の九倍）民間を五〇二カ所（同一・八倍）にまで拡充しました。

保母養成機関の増設

当初一カ所（練馬）しかなかった保母の養成機関＝都立高等保母学院を大田・足立・立川に増設。保母の養成に努めました。

高い保育料の抑制

父母の強い要求の一つが、措置費用と連動してひきあげられる保育料の抑制でした。革新都政は値上げをストップ。十二年間、物価が上昇しても保育単価があがっても保育料をすえ置くことで、保護者負担の実質的なひきさげを実現しました。

独自の都加算事業

ゆきとどいた保育の実現と、保育者の処遇改善におおきな役割を果たしたのが、東京都が国の予算に上乗せしたり、サービスの拡充をおこなう（横出し）をおこなう都加算事業でした。

認可保育所助成の拡充

認可保育所への補助金について、国の二百万円から三百万円の補助に対して、百人定員の保育所で概ね一六〇〇万円という資金を助成することとしました。

保母増員・保育時間延長

ゼロ歳児保育や保育時間延長、保育者の労働環境の改善のため、国の基準に上乗せして、保母の配置を大幅に増やすとともに、保育時間延長のための予備保母の配置をはじめました。

全員完全給食

七〇年度予算で給食調理師一名（百名以上は二名）増、七一年度はさらに増員。給食費も一人日二十五円にひきあげることで、毎日の完全給食を実現しました。

公私格差是正

公立の福祉施設の職員と私立の福祉施設の職員の賃金の格差を是正する施策。これによって、劣悪な状況に置かれることで、離職率が高かった認可保育所での就労継続や人材の確保が可能となり、保育の質の向上にも役割を果たしました。

公立保育園補助

区市町村の公立保育園への運営費補助を創設。父母の負担軽減と保育行政の後押しをおこないました。

高齢者に政治の光をとどける

社会的に弱い立場におかれた老人に対する施策の充実度いかんは、政治の根本問題である。その意味からも、老人対策の推進は、これからの都政の重要問題として浮かびあがってくるで

あろう。　　　　　　　　　　　　　　　　　　　　都政白書'69

日本社会において、老人＝高齢者問題が社会的問題として認識されるようになったのは、戦前の封建的な社会制度が崩壊し、高度成長期を迎え、大規模生産が普及、大都市を中心に高齢者の「居場所」であった「家」制度が変容しはじめた一九五〇年代に入ってからのことでした。当時、高齢者人口の急増にくわえて、「①家族制度の変革による生活意識の変化と親族扶養の減退、②技術革新を中心とする産業の合理化、近代化にともなう就業構造の変化による高年労働市場の狭小、③産業の拠点化、集中化にともなう都市化の促進による住宅の不足」（東京都政概要　1960年版）が顕在化し、高齢者が、住宅も仕事も年金もないという、〝ないないづくし〟のもとにおかれることになったのです。

このため、生活に困窮する高齢者が増え、自殺に追いこまれる人も少なくありませんでした。

世界一の自殺率

実際に、一九六〇年には全国で、四六四四人もの高齢者が自殺。日本における高齢者の自殺率は世界一、ヨーロッパの二～三倍にも達するという厳しい状況におかれていたのです。

また、寝たきり老人も、全国で四〇万人（一九六八年全国社会福祉協議会による調査）に達し、有吉佐和子氏の「恍惚の人」が出版、映画化（一九七三〜四年）され、社会に衝撃を与えることとなりました。

こうしたもとで、老人問題を社会問題としてとらえ、その対策を考える流れが生まれたのです。一九五三年には、東京大学病理学教授の緒方知三郎の提唱で、老人病研究会および付属研究所が開設されたのを嚆矢に、同年、日本寿命科学協会が発足、五六年には日本ジェロントロジー学会（のち、日本老人学会）が設立されるなど、高齢者問題に社会の光があてられることになったのです。

急増する高齢者

高齢者問題は、とりわけ東京において深刻でした。

当時、東京では、高齢者人口が総人口の伸びをはるかに超えて、一九五七年から革新都政が誕生した一九六七年までに一六八％（二九万八〇三二人→四九万九二二〇人）、革新都政の最終年となった一九七九年には二八一％（八三万六〇六八人）にまで増加していました。

にもかかわらず、高齢者問題に政治の光があてられることはなく、当時の高齢者対策は、「老人が生活に困窮した場合その最低限度の生活を保障するものであって、この限りにおいては消極的な意味しか持たなかった」（日本人の老後　森幹郎）「当時の老人福祉施策では、生活保護か養老院くらいしか無かった」（証言◆美濃部都政　上坪陽）というもので、到底、憲法が定める生存権を保障するようなものではなかったのです。東京都もこれに追随していました、このようなときに、革新都政は産声をあげたのです。

私は知事になる前から、福祉には関心を抱いていた。が、知事になって初めてその実情を知り、施策の貧弱さに驚かされたのである。なかでも一番遅れていたのが老人福祉であった。

美濃部亮吉都知事

革新都政の誕生によって、東京における高齢者対策は、それまでの救貧対策としての老人対策から、「すべての老人を対象に、老人を一般社会のなかで、『社会の一員として尊ぶ』ことのできるよう、施設収容中心の老人対策から、在宅老人に対する施策を重視する政治」（都政 vol.16 no.4）へと劇的に転換することになったのです。

先駆となった東京の高齢者福祉

私は、自民党政府の高度成長政策に見捨てられた、いわゆる「社会的弱者」の生活を守ることを、革新都政の存在をかけた基本的事業であると考えていた。

美濃部亮吉都知事

急速な老人＝高齢者問題の社会化に直面した革新都政はどのような施策を実現しようとしたのでしょうか。

世界に先駆けた総合施設

第一に、老人問題の福祉・医療の総合施設を世界に先駆けて設置したことです。

東京には、一八七二年に開設された首都東京の困窮者、病者、孤児、老人、障害者の保護施設としての養育院がありましたが、革新都政は、これを総合老人研究所、老人医療センター、ナーシングホーム、養護老人ホーム、軽費老人ホームをもつ総合施設として改組、発展・充実させたのです。

当時、このような福祉施設と医療施設、研究所が一体となった総合的な施設は世界的にも見当たらず、また、老人研究所は国内初の施設であるだけでなく、世界的にも二カ所という、希少で先駆的なものでした。

この研究所では、介護や医療の現場で役立てるための、介護や看護のやり方の研究や利用者の実態調査を実施。日本の高齢者対策に大きな影響を与えるものとなりました。同研究所が実施した「寝たきり高齢者の実態調査＝小金井市における寝たきり実態調査と訪問看護に関する報告書」は、この研究調査がもととなって、全国初の訪問看護制度が実施（一九七七年）されることになり、老人健康法による国の訪問看護の先駆けとなったのです。

老人福祉センターも開設しました。

老人医療費無料化

第二は老人医療費の無料化です。

当時、高齢者の意識調査での、悩みの一番は「病気」で、幸福感の第一は、「健康の維持」でした。ところが、実際には、老人健康診断をうけた人のうち約六割が治療を必要とされながら受診できず、東都政では、受診できたのは一割強にすぎませんでした。

こうした老人の深刻な健康問題の解決のために、革新都政は、国に先駆けて老人医療費無料化（七〇歳以上・老齢年金受給者対象・一九六九年）にふみだしました。これは、国の妨害と自民党による「枯れ木に水をやるようなものだ」という攻撃をはね返してのものでした。革新都政によって実現した老人医療費無料化は瞬く間に全国に広が

医療労働者署名活動　1977 年

り、国の制度化（七〇歳以上）につながりました。

この時、「都民の要求実現と民主都政をすすめる都民の会」などが、新宿や渋谷、池袋などの主要駅頭などで署名運動、大量宣伝にとりくみ、十数日間で五万人超もの署名が集められることとなり、都独自に対象年齢を六五歳にまで拡大することとなったのです。

地域福祉のしくみづくり

第三は、「老人を地域社会の一員と考え、私たちみんなの問題として解決を図っていくことが必要」（'74都政のあらまし）と位置づけ、施設収容中心から、在宅・地域での生活を保障する方向に転換したことです。
・高齢者の社会参加を促進するためのシルバーパス（都営バス老人無料パス）、
・在宅でのケアを可能にする寝たきり老人手当や、寝たきり老人向けヘルパー派遣と特殊ベッドの支給。一人くらし老人への介護人派遣事業、老人の付添看護料の助成。
・在宅福祉サービス新規事業＝①福祉電話、②友愛訪問員、③家庭家事雇用費用助成事業（都と家政婦協会が協定を結び、市町村は協定料金で介護券を協会から買い上げ、ホームヘルプサービスの必要な家庭に介護券を配付）や訪問健康診断も実現しました。
その他、敬老金（五〇〇〇円に）や老人クラブ運営補助（月12000円に）の引き上げ、特定目的老人世帯向け都営住宅、老人相談所制度など矢継ぎ早に対策が講じられました。

就労支援

第四に、就労対策です。一九六七年の都の調査では、「六〇歳以上の老人のなかで、自分の収入、年金、財産では食べて行かれない」（69都政白書）という人が三割にもおよんでいました。このため、革新都政は、老人授産所や高齢者職業相談所（七カ所設置）など、高齢者雇用にも積極的にとりくみました。

障害者に生きる権利を

この子を残しても安心して死んでいける政治が欲しい

日本の障害者（児）の政策・施策は、戦後の新憲法と身体障害者福祉法の成立にはじまります。それまでの障害者への対応は「家族依存」が大前提とされ、障害者の「保護」はもっぱら民間の篤志家や社会事業者に委ねられていました。国家施策としてあったのは、わずかに傷痍軍人を対象とした軍事扶助法のみで、一般の障害者については救貧対策（「恤救規則」「救護法」）による救護にとどめられ、「路上の狂癲者の取扱いに関する行政警察規則」による治安・取り締まりの対象ともされていたのです。

そして新憲法下の戦後も、国・東京都は障害者に冷たい姿勢をとりつづけ、前出の悲痛な叫びがあげられることとなったのです。

こうしたもとで誕生した革新都政は、「東京の繁栄。そこにはたいへんな貧困がかくされています。とりわけ社会保障の立ち遅れのため、身体や精神に障害をうけている人々は生存の権利すらもおびやかされています」（スマイルと決断）として、障害者対策を都政の重要課題のひとつとして位置づけ、とりくみを開始することとなったのです。

美濃部都知事は、就任早々に、日比谷公会堂で開催された身体障害者福祉大会に出席。「それまでの東京都の身障者対策は再検討」が必要と述べ、翌年二月には「臨時心身障害者対策本部」を立ちあげ、実態調査を実施するなど、「本腰を入れた取り組みを開始」（美濃部都政12年・太田久行）することとなったのです。

都民運動を力に

革新都政が実施した施策は、全国に先がけた心身障害者の医療費無料化、同扶養年金をはじめ、そのおおくが「障害者の生活と健康を守る全都連絡会」をはじめとする都民運動を背景に実現されたものです。

革新都政の実現とともに障害者運動の発展の中で、この数年間に都政の障害者福祉施策は大きな前進をみせ、障害者会館の建設、障害児学級の増設、都電、都バスの無料化、障害者の働く場所の保障、障害幼児の民間保育に対する援助など、障害者と家族にとって大きな期待と希望がもてるようになりました。

東京の社会福祉運動

生活支援

・心身障害者扶養年金（障害者の両親が死亡した時に毎月二万円支給）
・重度心身障害者（児）手当
・緊急一時保護制度
・愛の手帳交付

社会参加

・都営交通の無料パス
・生活実習所開設
・手話通訳派遣事業
・盲導犬の育成と貸与
・補装具研究所の開設
・自動車改造費の助成

・障害者のための街づくり（都道の段差解消など）

在宅支援

・ホームヘルパー常勤化
・福祉電話の貸与
・日常生活用具の給付
・在宅心身障害者福祉手当
・住宅改造費助成（風呂場・トイレなど）
・車イスで暮らせる都営住宅建設

就労

・用賀技能開発学院設置
・福祉作業所、福祉授産所、福祉工場の開設

医療

・心身障害者医療費無料化
・府中療育センター開設
・自閉症専門病院開設
・心身障害者総合研究所開設

施設拡充

・通勤寮（三）・生活寮（一）の設置

・心身障害者福祉センター、障害者福祉会館の開設
・民間施設職員の公私格差是正事業

教育

・希望者全員入学
・養護学校の増設（一〇→三五）
・在宅重度障害児のための訪問教育
・スクールバスの配車

その他

いずれも障害者（児）の生きる権利の具現化です。

〝おかげさまで、私が死ぬ前にこの子を殺さないですみました〟

都知事に寄せられた手紙

どの子にもゆきとどいた教育を

すべて国民は、法律の定めるところにより、その能力に応じて、ひとしく教育を受ける権利を有する

憲法第26条

革新都政が誕生した当時の教育は、戦後の学制変更（複線から六・三・三制の単線へ）、教室不足・二部教室などの混乱期を脱したものの、高度成長政策のもとでの第一次産業から第二次産業への就労・社会構造の転換を背景とした高等教育への指向など、おおきな変革期を迎えていました。

とりわけ東京においては、高校進学、障害児教育、父母負担などあらたな課題に直面していました。

こうしたもとで革新都政は憲法を実現する立場から、父母や教職員組合などと連携して、「どの子にもゆきとどいた教育」保障するために全力をつくしました。

一五の春を泣かせない

その一つが都立高校の増設です。当時、東京では中学卒業生の九割以上が高校進学を希望。「高校教育の準義務教育的性格」が社会的に認識されるに至っていました。にもかかわらず東京都は都立高校建設を先送り。このため、おおくの中学卒業生が公立高校進学を希望しながら、泣く泣く断念せざるを得ない状況におかれていました。これに対して都民は、「東京都高校問題連絡協議会」を結成するなど運動をくりひろげ、革新都政は「都立学校整備委員会」を設置するなどして都立高校の増設に努め、四七校（保守都政時代の一・七倍）も建設。中学浪人の解消に努めました。

また、働きながら学ぶことを保障するため、定時制高校の拡充に努めました。定時制高校についていては、いったんは統廃合が計画されましたが、美濃部知事が都民の声をふまえて「統廃合しないで予算拡大」と決断。小規模定時制の存置、三〇人学級、給食用食堂の設置、体育施設の夜間照明設置などの拡充を実現しました。

区市町村が設置者である小中学校についても財政支援をおこない教室不足、体育館未設置を解消しました。

私学助成の実現

教育費の父母負担の解消もつよい都民要望でした。都立高校が不足するもとで、都立高校を希望しながら私立にすすまざるを得なかった生徒は多数（七七年度・二万九〇〇〇人）にのぼり、その生徒一人あたりの負担（授業料）は公立の五倍（六八年度）にも達していました。革新都政は、「教育の機会均等」を保障する立場から、所得制限なしの直接助成（二ヶ月分の授業料）や学校運営費補助を実施。私立幼稚園父母負担軽減も実現しました。

公立学校での父母負担軽減

公立学校教育でも、都立高校授業料の据え置きや定時制高校生の教科書の無償貸与、給食費補助などの就学補助を都単独で実施。義務教育についても「義務教育の無償の原則」に立脚して、都として備品や教材費などの公費負担を大幅に拡充。父母負担を小学生一人当たり三九円(七一年度)、中学生一七四円（同）と全国一の低い水準（学校教育費の〇・二%）に引き下げました。さらに生活困難な家庭に対する就学援助についても、林間学校や卒業記念アルバムなど国補助への都独自の上乗せを実施しました。

希望者の全員入学

障害者教育も革新都政のもとで飛躍的に前進しました。それまでの保守都政のもとでは、国の方針にしたがって、「就学猶予・免除」制度が押しつけられ、おおくの障害児が就学の機会を奪われていました。これに対して父母や都民、教職員組合などが「すべての障害児に、命とひとみ輝く教育を」の願いを結集して「障害者と家族の生活と権利を守る都民連絡会」を結成し、都民的運動をくりひろげました。

革新都政もこれに応えて、「盲・ろう・養護学校」を二五校も建設。一九七四年度には障害者の希望者全員入学を実現しました。また通学を保障するためのスクールバスの計画的配車。国基準を上まわる一クラス二名の都独自の教職員の配置、在宅児のための訪問教育や病院内学級の開設、機能訓練制度の確立、さらには、重い父母負担の軽減のための学校運営費補助をはじめて制度化したり、都独自の就学援助を実施するなど、全国一の教育水準を実現したのです。

文化・スポーツの花ひらく

次代をになう児童・青年が、心身ともにすこやかに育つことはすべての人の願い
スポーツ・レクリェーションは、本来、都民ひとりひとりがその余暇を利用して自発的に楽しみながら行うところにその真の意義がある
もともと芸術・文化についての都民の要望は、単に多数の人口をかかえる大都市の特性からだけではなく、社会、経済の急速な変化の中で、人間回復のための基本的要求として位置づけられるもの

東京都中期計画 —1969—

革新都政は、それまでの保守都政がかえり見ようとしてこなかった社会教育や文化・芸術・スポーツにも政治の光をあてました。

この分野は、福祉の措置制度のように自治体が施策を実施することが義務付けられているものと違い、おおくは、自治体の裁量、判断に委ねられているものです。それだけに自治体の姿勢・意欲によって、施策が左右されることになります。

住民が主体の社会教育

社会教育は、都民が生活のさまざまな分野で人間的成長と豊かでみのりのある生活を営むことを支援する仕組みです。革新都政のもとでは、東京都社会教育委員会議が積極的に答申や助言をおこない、民主的な社会教育活動・文化活動の方向を指ししめすとともに、各地の社会教育会館や公民館の充実にとりくみました。また、都立の施設として立川社会教育会館を建設、市民の自主的な集会や学習活動を積極的に支援するためのサービスコーナーも設置するなど中心的役割を果たしました。

社会教育団体への補助についても、従来、「官製団体」に限られていたものを、自主的民主的な団体にも拡充し、「東京都のお知らせ」で、ひろく公募、補助額も大幅に増額するなど、住民の学習権を保障するとりくみをすすめました。

区市町村における社会教育施設整備の推移

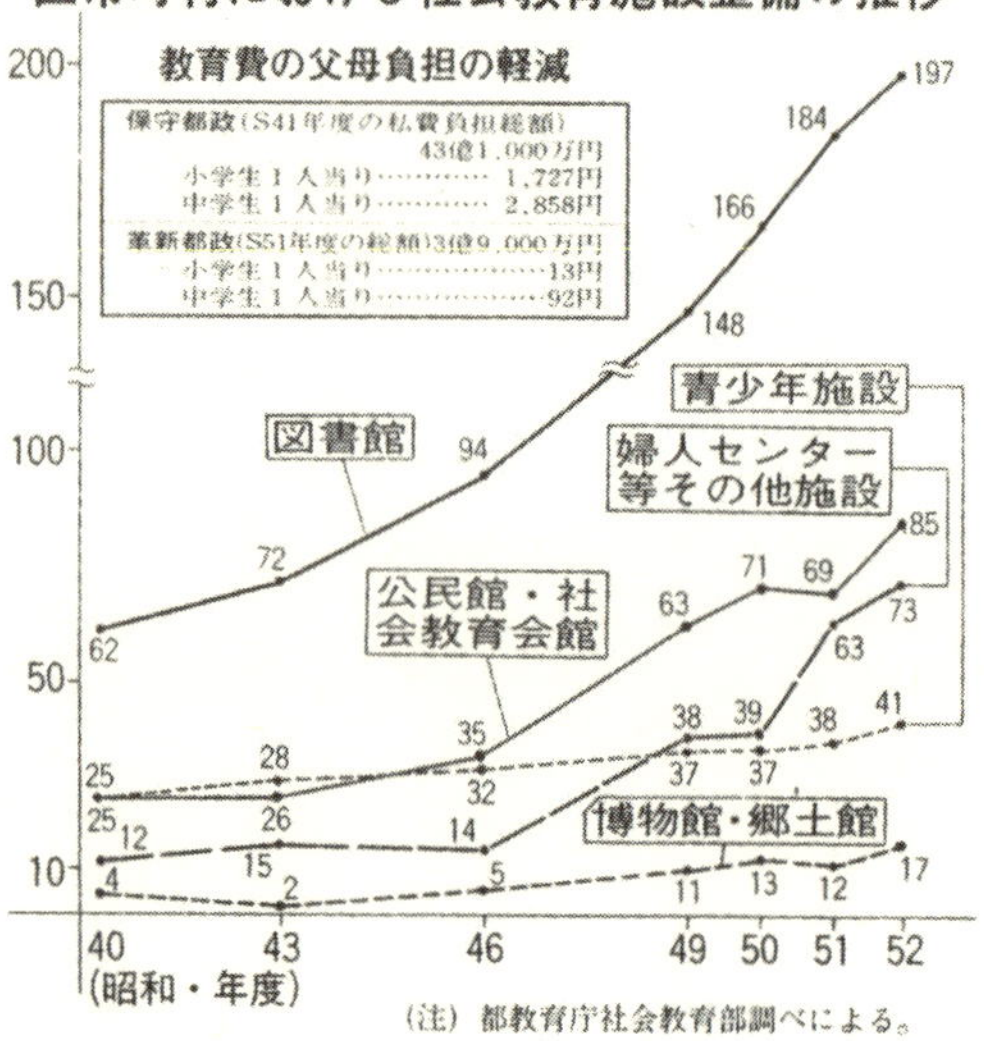

(注) 都教育庁社会教育部調べによる。

図書館についても、中学校区毎に一館を建設することを目標に、一九七五年までに一一四館を建設、住民の二〇%を貸し出し登録者とする「図書館政策」(七〇年)を策定。また、「開かれた図書館づくり」のビジョンをかかげ、区市町村に対する二分の一建設費補助や資料費補助を実施、六八年度からの一〇年間に一三一館を建設し二・八倍にまで拡充。全国の図書館政策におおきな影響を与えました。

また、青少年が団体で交流したり、スポーツやレクリエーションを楽しむ場として「青年の家」を七カ所も開設。食事代が一日三食で四五〇円であることなどから、年間九万人もの青少年に活用されました。

うけつぐ伝統と文化

革新都政は、急速な都市化のもとで失われていく江戸文化や地域での伝統芸能なども大切にしました。

下町にのこる江戸切り子や風鈴などの伝統工芸の支援・育成や、よみがえった隅田川での両国花火、八王子の「車人形」や板橋の「田遊び祭り」などの文化遺産、史跡の保護にも力をつくしました。

芸術を都民のものに

文化・芸術面におけるヒットは、芸術文化団体の公演に対する助成事業です

明るい革新都政 1973/5/20

革新都政は六八年に芸術文化団体の公演に対する助成事業をスタートさせ、都民が演劇やオペラ、コンサート、人形劇、日本舞踊、都民寄席など、さまざまな文化や芸術を低負担で楽しむことができるようになりました。また、「子どもによい文化」の理念にもとづいて親子劇場への助成も実施され、お母さんたちにとても喜ばれました。七六年には都民の芸術鑑賞の場として芸術文化会館（池袋）も建設しました。

スポーツ要求に応える

スポーツといえば、東京オリンピック一本槍だった都政を変え、都民のためのスポーツ振興を柱に、夢の島体育館・多摩体育館を建設。野球場も一九六六年度には七〇カ所だったものが五年後の七一年には一二六カ所（勤労青年のための夜間照明も一八カ所設置）に増やすなど都民のスポーツ要求に積極的に応えました。

多摩・島しょに政治の光を

同じ都民でありながら、住んでいる自治体によって、受けられる行政サービスや利用できる都市施設、教育環境、公共料金におおきな落差――革新都政以前の自民党保守都政のもとで、都下の多摩地域（三多摩）や島しょ地域では、都内の特別区の地域と比べ画然とした行政格差が存在していました。

その背景には東京が戦後、高度成長期を経て急成長・急膨張を遂げるなかで、とりわけ三多摩地域は人口急増の受け皿となり、北多摩地域ではわずか五年間に一〇もの市・町で住民が二倍化するなどの異常事態に直面、予算の半分を教育施設整備に充当せざるを得ないような状況においこまれる自治体が生まれ、各地で上下水道や道路などの都市インフラ、学校、社会教育施設、医療、福祉サービスなどの需要に追いつかず、行政水準の劣化が生まれていたのです。

一方、特別区＝二三区域では、潤沢な財政をもつ東京都が直接、上下水道などの市町村行政を担うという特殊な行政制度のもとで、三多摩や島しょの住民の目からは〝うらやましい限り〟の施策が実施されていたのです。

そしてこの格差の背景には、自民党保守都政が、国の高度成長政策に追随、オリンピックに便乗した開発などを最優先にする一方で、三多摩や島しょ地域を置き去りにしてきたことが指摘されなければなりません。

知事が直接、多摩・島しょ住民と対話

都民一人一人が、それぞれに違った機能を分担する地域に生活しても、実質的には平等な生活を享受しうる条件が与えられるべき

地域格差の解消ということについて、政治や行政がとるべき方向は（略）生命や生活を守るための条件において、何らかの落差があれば、それを埋めるための施策を第一とする

都政白書'69

格差の広がりのなかで誕生した革新都政は、都知事が何度も三多摩や島しょに足を運び、直接住民と対話し、市町村長とも懇談。格差解消を行政課題の柱として位置づけるとともに、本格的に格差解消の課題にとりくむことを掲げた中期計画を一九六八年に策定、全庁をあげてとりくむこととなりました。

革新都政は格差を、

①道路、上下水道、教育施設、保育所などの公共施設の水準

②学校運営費やごみ・し尿処理、保健サービスなどの行政サービス水準

③使用料・手数料などの住民負担
の三側面にわけてとらえるとともに、
①都立学校や都道の整備など、都の事業を積極的に実施
②市町村振興交付金など、脆弱な市町村財政への支援を通じた行政サービスの向上
③広域消防や上水の供給、流域下水道など市町村区域を越えた広域行政の推進
という方法をとることで格差解消につとめたのです。

三多摩格差八課題

また、革新都政は個別に格差解消に努めるのでは不十分だとして、「多摩格差8課題」(一九七五年・①義務教育施設、②公共下水道、③保健所、④病院及び診療所、⑤道路(整備率・幅員)、⑥図書館・市民施設、⑦国民健康保険料、⑧保育料)を設定し、総合的に対応することとしました。

この八課題は、革新都政が、憲法が定める「健康で文化的な最低限の生活」を実現するために設定した「シビルミニマム＝都民が共通して享受すべき行政の仕事」を三多摩地域で実現するための目標として定められたものです。

このような東京都の積極的な支援があってはじめて、都民誰もが一定の水準の行政サービスを享受でき、財政の脆弱な自治体であっても、住民要望に応え、独自の行政サービスを提供で

きることになるのです。

（注）三多摩＝当時存在した北多摩、南多摩、西多摩の三郡の地域の総称

多摩・島しょでのシビルミニマム実現

革新都政は多摩・島しょ地域の格差是正のために、東京都の事業の拡充、市町村財政への支援、府県行政の推進の3つの角度からとりくみをすすめ、シビルミニマムの実現に全力をあげました。

東京都の事業の推進

革新都政は「都民のいのちと健康を守る」仕事を最重点の課題としてとりくみをすすめましたが、なかでも、多摩地域に不足していた医療分野のとりくみを重視。都立府中病院、府中療育センター、看護学校を新設するとともに、国（厚生省）の縮小・整理統廃合の方針に抗して保健所を七カ所（特別区二カ所）、保健相談所を八ヵ所も増設しました。

また、都民要求に応えて、勤労福祉会館や消費者センター支所、授産施設や作業所など障害

者のための施策も革新都政のもとでおおきく前進しました。

多摩地域に不可欠の課題として農業振興にも力を注ぎました。東京の農業は、国の農業破壊路線とこれに追随する歴代保守都政のもとで後景に追いやられ、農地と緑地の開発と都市農業の破壊がすすめられていました。これに対して革新都政は、生産緑地を守るための補助の増額や畜産農家の支援のための糞尿処理施設補助の新設、奥多摩のわさび生産への支援などを実現。市街化区域内の農家が経営をつづけられるように植木・苗木栽培の委託事業を実施。都民に無料で毎年苗木を一〇万本配布する事業も始めました。都道の整備も前進しました。

市町村への財政補完を通じたサービスの向上

革新都政は税収がすくなく財政力が乏しいことに起因する行政格差を是正するため、市町村への財政支援を抜本的に強めました。

革新都政は、区市町村が実施する保育や児童、教育などの住民サービスへの補助金を大幅に拡充するとともに、市町村振興交付金についても保守都政時代の一〇倍以上に増額して市町村の財政需要に応えました。また、調整交付金をあらたに創設し、都が実施する施策が多摩・島しょ地域でも円滑に推進できるようにするための財政支援を実施しました。

さらに、特定交付金（東京都が市町村行政として区部で実施したサービスを多摩・島しょの住民も享受できるようにするための財政補完）を拡充し、義務教育父母負担軽減　教材費の格差是正、学校警備員・交通警備員・交通養護員の給与、公立病院・診療所運営費（特定交付金）などを新設しました。

教育施設でも、区部に比べて大きく立ち遅れていた公立小中学校のプール・体育館（注）の整備を位置づけ、建設が困難な学校を除いてすべての小中学校に実現。子どもたちに喜ばれました。くわえて、「市町村公共施設整備計画」を策定し、計画的な公共施設の整備につとめました。

住民負担の軽減では、教育費の父母負担軽減やごみ・し尿処理手数料無料化などが都の財政支援で実現しました。

広域行政としての責務

多摩地域には、市町村では解決できない課題がいくつも残されていました。その一つが上下水道でした。とりわけ、下水は三多摩地域では普及がすすまず、大雨のときには汚物が流れだすなど衛生面からのその改善がいそがれていました。こうしたもとで革新都政は、革新都政が誕生した翌年（一九六八年）に市町村の公共下水を東京都が建設する流域下水管を通じて都の下水処理場（多摩川・荒川水系に建設）に流し処理をおこなう流域下水道事業に着手するとともに、遅れている市町村下水道の促進のために補助を大幅増額（一九六七年からの六年間で六倍以上）しました。また、水道の都営一元化と原水供給、受託消防事業の拡充などもおおきく前進しました。

離島住民の要求に応える

島しょ地域の振興（小笠原諸島は革新都政誕生の翌年一九六八年に復帰）は、一九五三年に施行された離島振興法にもとづいて離島振興対策事業として実施されてきましたが、革新都政は美濃部都知事が島を訪ね、島民の声に直接耳を傾けることで、事業費を大幅に増やし、勤労福祉会館の建設や簡易水道の普及、海水の淡水化、漁港や定期船の接岸できる港湾設備の建設、教員確保のための教員住宅の建設と待遇改善、医師確保のための給与費補助、漁業振興や潜水病対策などを実現しました。、

（注）革新都政以前のプール＝小中とも約四分の一が未設置。体育館＝小学校の三六％、中学校の七％が未設置

革新都政が守ったもの

都民のくらし

戦後のわが国の経済発展は、急行列車・新幹線なみのスピードで走ってきた。（略）とりわけ昭和30年代後半から日本列島をブルドーザー付き超特急の高度成長経済列車がフルスピードで走り回ったが、その反面、列車に乗りそこねたり、振り落とされた、跳ね飛ばされた階層の人々が、社会の底辺にたくさん置き去りにされた。すなわち、所得格差の拡大、公害や生活環境の悪化、インフレによる物価高騰などが国民を脅かした。

太田久行　美濃部都政12年

失敗を恐れていられない。インフレがここまで悪化したからには、都民生活防衛のため、なりふりかまわず、なんでもやってみる

美濃部亮吉都知事

革新都政がその一歩から直面することとなったものがインフレ・物価問題でした。とりわけ、世界に激震を走らせた一九七一年末の「石油ショック」は東京の経済と都民生活に深刻な打撃

をあたえ、都民は〝狂乱物価〟のただなかに置かれることになりました。

　こうしたもとで美濃部知事は、知事就任直後に、物価問題をテーマにした都民集会を開催、消費生活対策審議会（消費物資対策審議会を改組）や消費者被害救済委員会、消費生活センターの開設、食品物価Gメンの配置など機敏に対応するとともに、〝狂乱物価〟に対しても生活を守る都民会議や物価局の設置、緊急生活防衛条例・消費生活条例の制定など都民生活を守るために全力をつくしました。

嬬恋キャベツはじまる

　具体的には、東前都政では「標準小売店制度」「安売りデー」などでお茶を濁していた物価対策を本格化させ、トマト・キュウリ・ピーマンなどの野菜、鶏卵、トロロコンブ・

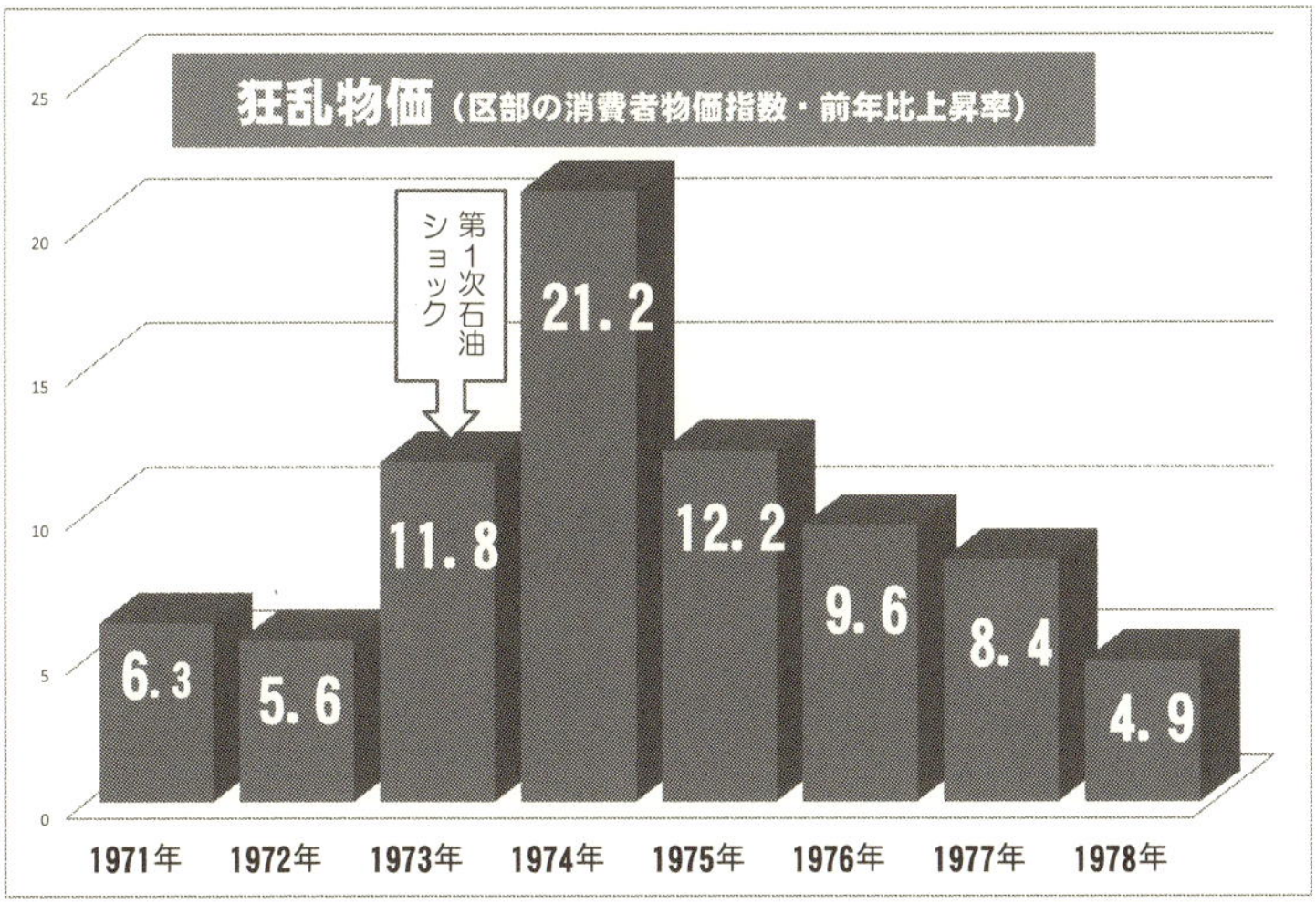

ノリなどの乾物を市価の二～二割五分引きで販売する「産地直結安売り」（一九七〇年五月開始）や、生鮮食品の価格暴騰から家計を守るための「産地契約方式」（生産者に価格暴落時の価格を補償することで、暴騰時の出荷価格を抑制する・嬬恋キャベツからスタート一九七三年八月、ジャガイモ・タマネギ、イカ・サンマ・エビにも拡大）、保存のききやすい野菜を安値のときに大量に買いつけ、都内の冷凍・冷蔵庫に保存しておき、価格が高騰したときに、市場に放出することで値上がりを抑える「ストックポイント方式」などにとりくみ、都民とりわけ台所を預かる主婦に喜ばれました。

東都政のときには、一〇〇〇万円（安売りデーの看板、チラシ代補助）だった予算が、革新都政では、生鮮食品の安値補償、買付費用だけで三〇億円にも拡充されることになりました。

流通の改善でも、世田谷・板橋の中央卸売市場の開設や、消費者に生鮮食品などの良い品を適正な価格で提供することを目的にした公設小売市場も三市場（区営市場とあわせて一三市場・第一期）も開設されました。

一般家庭は据え置き

国のインフレ政策のもとで、東京都の公共料金も引き上げを余儀なくされましたが、革新都政は都民生活をまもるために公共料金の値上げ幅を極力抑えるとともに、生活困窮者などへの配慮を忘れませんでした。

例えば、交通料金では改定にあたって身体障害者や生活保護世帯への無料パスの交付、水道料金の値上げにあたっては、「生活を営むための必需品として消費する『水の利用者』と、水を原料として利潤をあげるのに使う『水の受益者』とに分け、生活用水についてはできるだけ料金を据え置き、営業用を大幅に上げ」（内藤国夫・美濃部都政の素顔）ることなどにつとめ、一般家庭の場合、一ヶ月平均使用水量までは料金据え置き、生活最低必要量（小口径・1ヶ月八トン未満）の水量料金は無料、生活保護世帯や母子世帯はさらに固定費も免除、公衆浴場や長屋、アパートなどの共用水栓も据えおかれました。

知事が料金を決定する公衆浴場＝銭湯についても、生活保護世帯への浴場利用券の配布、業者への融資の利子補給、下水道料金の軽減などを実施、庶民の生活を守るために手立てをつくしたのです。

住まいの確保

タヌキやムジナでさえ自分が住む穴ぐらいはほっている。都民が自分の家を建てられないわけがない

一九七四年都議会定例会での自民党議員の発言

革新都政が成立した一九六〇年代の大都市の住宅事情は、数のうえでは住宅の不足（住宅数—世帯数）は解消されたものの、戦後の復興期に応急的に建てられた住宅や狭くて古いなどの劣悪な住宅が数おおく残されるとともに、東京集中のもとで急増する都市勤労者のための住宅が決定的に不足していました。

このため、国は公営住宅制度にくわえて、都市勤労者を対象とした住宅公団や地方自治体が経営する住宅供給公社などを制度化。革新都政誕生の前年一九六六年には住宅建設計画法を制定、住宅建設五か年計画を策定するなどの対応に迫られていました。

東京においては、用地不足、地価や建設費の高騰などで住宅の供給がすすまず、住宅問題が都民要望の第一位（一九六八年世論調査）となり、東京都の都民相談室に寄せられる相談のうち三五％が住宅相談でしめられるなど深刻の度を増していました。

一九六八年に実施された東京都住宅需要実態調査によれば住宅不足（注）は四六万八千世帯にも及び、住宅困窮世帯は一〇一万七千世帯にも達していました。

困窮の理由は、「住宅が狭い」が四八・八％。ついで「家賃が高い」が一四・六％、「建物が傷んでいる」が一一・一％で、通勤不便も少なくありませんでした。

こうした状況の背景には、「明治維新以来生産ないし産業が優先され、国民生活はつねに従たる地位に置かれてきた」（篠原一「世界」一九七四年）こと、「道路、橋梁、河川は本なり、水道、家屋、下水は末なり」（芳川顕生・明治政府の官僚）という頑迷な考え方が支配していたことを指摘しなければなりません。

これに対して世界の流れは、住まいを人間的な生活の基礎として位置づける「人間居住宣言」（国連人権回復会議）、「労働者住宅に関する勧告」（ＩＬＯ）などがあいついで採択されるなど、「居住権」の考え方が主流になっていたのです。

シビルミニマムに位置づけ

こうしたもとで東京都では東京問題調査会での第一次助言「住宅対策について」、住宅シビルミニマム研究会が作成した「東京の住宅問題」など第三者機関による方向づけ、政策提案がおこなわれ

東京都中期計画―一九六八年　―いかにしてシビルミニマムに到達するか―

・住宅難の解決は、都民生活のうえにおける最大の課題である。都としては当面、緊急な対策として、（1）計画化された公的住宅政策にもとづく住宅の大量供給、（2）住宅用地等の確保、について一層の推進を図る必要がある

「東京の住宅問題」

・公営賃貸住宅を中心とした自治体住宅政策の確立
・住宅のシビルミニマム、つまり広さ、職住接近・家賃に配慮した最低居住水準と住環境水準の設定

住宅対策審議会

・住宅は持つものというより利用すべきものと認識し、量的に賃貸住宅に比重を置いていく必要

・三〇％を目標とする公的シェアの拡大
など行政計画・方針に位置づけられていったのです。

さらに、予算も大幅に増額され、結果、都の施策で建設された住宅（都営住宅、公社住宅、勤労者のマイホーム融資など）は自民党都政時代（二四万戸）のほぼ倍の四六万戸に達し、都営住宅についても国の超過負担のおしつけにひるむことなく建設をすすめ、一二年間で八万三〇〇〇戸（供給戸数）もの都営住宅を増やしたのです。これは、次の鈴木都政の四・三倍にあたるものです。ちなみに石原都政では新規新築の建設がうち切られ、供給戸数がマイナスに逆転させられました。

また、村山団地（武蔵村山市）などの大団地の建設にあたっては、関連公共施設整備要綱をつくって、施設整備や地元自治体への財政援助などの基準を定め、学校、道路、公園、上下水道、集会所、保育施設、店舗などを計画的に整備しました。

ソフト面でも都営住宅管理事務所（五ヵ所）に住宅相談コーナーを設置することや、募集方法についても、高齢者や障害者、低所得者のための優先入居や何回申し込んでも抽選にもれる都民に住宅を保障するためのポイント制度（抽選によらない優先入居）などを導入しました。

今日、実施されている施策のおおくが革新都政のもとで具体化されたのです。

（注）狭小過密、老朽など住宅難世帯の要件に該当し、かつ住宅困窮を訴えている世帯

東京の産業と中小企業

東京の産業は都民の生活から遊離した首都機能や国際的機能に特化するのではなく、都民の生活と結びついた多様な産業を維持することが必要である。

産業母都市 東京

岐路にたつ東京の産業

革新都政が誕生した一九六〇年代の東京は、戦後つづいた高度成長が陰りをみせ、産業構造も農林水産業の第一次産業が衰退を重ね、第2次産業も工場再配置や公害、多品種少量生産から大企業による少品種大量生産へのシフト、発展途上国の追い上げがすすむことで、漸減傾向をみせ、その一方でサービス産業中心の第三次産業がシェアを増やすこととなりました。

こうしたもとで中小零細企業をとりまく環境も慢性的に悪化し、企業倒産が景気循環によるものから構造的不況に起因するものへと移行するなど、財政基盤の脆弱な中小零細企業にきびしい時代を迎えることとなりました。

こうした状況を招いた背景には、それまでの保守都政が中小企業対策に真剣にとりくもうとせず、「都の中小企業対策が国の下請的性格が強く，真に都としての体系化がなされていない」（都政白書'69）状態に置かれていたからにほかなりません。

いままで国も都も中小企業対策を口にしながら，親身になってやってきたとは思われない。（略）

革新都政こそが真に中小零細企業を守る都政であることを実証する。

美濃部都知事の公約

都市型工業の振興

東京都は世界の大都市のなかでも、機械・金属（金属製品、一般機械、電気機械、精密機械など）、出版・印刷、皮革・同製品、玩具、文具、装飾品等雑貨などの製造業が高度に集積した都市として際立っていました。

そしてこれらの製品は、工場数九九・五％、従業者数で七三・六％、出荷額で六〇・〇％を占める中小零細企業によって生産されており、小零細企業（従業員一人〜一九名）の出荷額は全体の約二割を占めていました。

東京は日本における「産業母都市」としての機能をもち、日本の技術革新をリードする役割を担っている。

産業母都市 東京

こうした中小零細製造業を大企業の下請けいじめや工場移転、都市化の進展から守るために、東京都は、個別企業の近代化を促進するための施設・設備近代化資金貸付、企業の診断指導、技術者の指導育成、国内外の販路拡大のための対策などを展開するとともに、中小企業が単独ではおこなうことが困難な技術開発・試験研究のための工業技術センターを開設（一九七〇年）しました。

また、江戸時代からつづく江戸切り子や江戸小紋、金魚などの伝統・地場産業や皮革産業についても積極的に位置づけ振興をはかりました。

さらに、製造業にとどまらず大手流通資本や大型スーパーなどの進出で、窮地にたたされている卸問屋や小売店の支援のために、商工指導所を拡充し、巡回相談など経営支援を実施することで、業者の心強い味方となったのです。この商工指導所は全国の自治体が撤退していくなかで東京都は存続、拡充させたのです。

業者の〝命綱〟の拡充

なかでも大きく変化したのが、金融支援です。これは構造的不況のもとで、中小企業の資金繰りが慢性的に悪化し、継続的な金融支援が求められることとなったことが背景にあります。

いわゆる「疑似資本」といわれる制度融資の抜本的拡充です。革新都政は、東前都政では有担保・有保証人で返済期限が二年、貸付金五〇万円であったものを、無担保無保証人で、限度額一〇〇万円、三年以内の月賦返済（日歩二銭三厘）に改善し、しかも、東都政では年三回の受付であったものを一年中いつでも借りられるようにしたのです。また、小規模企業融資制度も新設、信用保証料の助成制度（肩代わり）もつくりました（一期目）。さらに、個人事業税の減免基準を一一〇万円（一九七三年時点・東都政三〇万円）まで拡充しました。

都市農業の育成

都民の食卓を支え、緑をまもる農林業や漁業についても、東京都は積極的に位置づけ、その振興に力をつくしました。例えば、東京の緑を増やす事業と都市農業振興を結合した苗木生産供給事業は今日もつづいています。さらに農業試験場や畜産試験場、水産試験場、蚕糸指導所などの試験研究機関や多摩地域の経済事務所を拡充し、産業の育成を支援しました。

都民の安全

震災や水害などの自然災害は、それが一度限りにおいては、あるいは天災であるともいえよう。

しかし、同じ場所で同じような災害が繰り返される場合は、もはや天災ではなくて人災である。

都政白書'69

革新都政が誕生した一九六〇年代には国内最大級の石油コンビナート被災や幹線道路の橋梁の落下、液状化による公営アパートの倒壊などがもたらされた都市直下地震・新潟地震（一九六四年）や革新都政が誕生した翌年の一九六八年に発生し、死者五二名をだした十勝沖地震（三陸沖北部地震）などがつづき、あわせて地震学者による関東大震災の「六九年周期説」の提起がおこなわれたことなどから都民に大地震の恐怖をあらためて呼び起こすものとなりました。

こうしたもとで、東京都防災会議地震部会が、就任早々の美濃部都知事に提出した東京における地震の被害想定は、冬季の夕食時、風速毎秒三・五mの時に、関東大震災規模の地震が発生した場合、「区部で二万戸の建物が倒壊し、わずか五時間後には品川区と同じ面積が火に包まれる」という衝撃的な内容でした。

また、同時期に条件によっては、「江東デルタ地帯（江東、墨田区）で生き残れる人はわずか二人に一人」という東京大学と建設省による共同調査が発表されています。

まさに、地震への備えは、都政にとって待ったなしの課題であったわけです。

ところが、それまでの都政は、無秩序な都市開発と東京一極集中をすすめることには熱心でも、防災対策には関心をはらわず、東京を災害に脆弱な都市につくりあげてきていました。

先進諸国の都市作りは、人命尊重を主眼にまず防災に力が注がれたといわれる。しかし、わが国では、産業優先の姿勢を取ったため、住民のための防災対策は二次的なものとされ、災害後の復旧作業はあっても、事前に積極的な手を打つという姿勢はなかった。

都政白書'69

そこで、革新都政は防災を都政の重要な課題の一つにすえ、都市政策の柱としてとりくむこととしたのです。

震災予防条例

その第一歩が、震災予防条例の制定（一九七一年）でした。条例は、前文で、「いうまでもなく、地震は自然現象であるが、地震による災害の多くは人災であるといえる。したがつて、人間の英知と技術と努力により、地震による災害を未然に防止し、被害を最少限にくいとめることができるはずである」と高らかに、予防原則に立脚した防災のとりくみをすすめることを宣言したのです。

震災予防計画

ついで革新都政は、震災予防計画を策定し、一九七三年からの五カ年計画で、総額一兆三〇〇〇億円の予算で、震災の調査・研究、都内の危険度の測定、防災都市づくり、建物倒壊や火災の防止、避難所の確保などを緊急に実施していきました。

また、「防災への道は、基本的には、災害に強い都市作りをすることである」（都政白書'69）として、都市政策のなかに防災まちづくりを位置づけて、木造住宅密集地域がひろがり災害にもっとも脆弱な江東デルタ地帯に日比谷公園よりもおおきな避難場所を六カ所つくり、そのまわりを高いビルでかこんで火災延焼を防ぐ大計画＝「江東地区再開発基本構想」を策定しました。このうち木密地域の移転住民をうけいれる都営住宅や公社住宅を中心に白鬚東防災拠点（墨田区）が整備されました。

避難場所・避難路

災害時の避難場所と避難路の確保についても、防災会議の答申にもとづいて、上野公園や皇居前広場など四二ヵ所の広場を避難場所に指定し、これらの避難所を結ぶ避難ルートも整備しました。

消防体制

当時、災害時に一番心配されていたのが火災延焼でした。このため、革新都政は、最初の四年間で消防予算を一〇倍に増やし、その後一二年間を通じて消防職員の大幅増員や消防車の増強（一五四台）など消防体制を抜本的に拡充しました。また、震災用備蓄倉庫や消防水利などを都市づくりのなかに位置づけ、消防力の強化にとりくみました。

革新都政が挑んだもの

東京に青空と広場を

「これからの東京をどうするか」という課題は、私が知事に就任以来、片時も念頭を離れなかった問題であります。

美濃部亮吉・青空と広場の東京構想（試案）

第二次世界大戦で灰燼に帰した東京は、その後の十数年の短期間に復活を遂げ、人口、経済力ともに世界一という巨大都市として成長しました。

しかし、その実態は次の通りであり、

・戦前は富国強兵、戦後はGNP第一主義によって社会資本投資はきわめて低水準に抑えられ、国民の富はもっぱら生産の拡大に投入されてきた。

・わが国の都市は、権力のための都市、企業のための都市であった。

青空と広場の東京構想

・昭和三〇年代からの経済の高度成長は、（略）資本と産業の無秩序な集中、集積をもたらし、そこから生ずるいろいろなひずみは、今日みるようなアンバランスな東京を形成したのである。都心における超高層ビルや高速道路の出現は、大きく東京の姿を変えたが、同じ、その東京の空の下で、大気汚染や交通災害は日々都民の生命や健康を脅かし、住宅難、通勤難や物価高は幸福を願う都民の生活を脅かしている。

都政白書'69

東京・都心一極集中、大企業優先の政策が大手をふってすすめられる一方で、都民の生活は二の次とされ、公害、住宅難・遠距離痛勤、低水準の福祉、物価高騰などに都民は苦しめられることとなりました。

「青空と広場の東京構想（試案）」策定

こうしたもとで誕生した革新都政は、福祉や教育、中小企業などの都民施策の拡充とあわせて、「東京における市民生活の防衛を実現し、安定した豊かな生活、活気にあふれた都市への発展をめざそうとするとき、東京の都市構造の改革が日程にのぼる」（青空と広場の東京構想）として都民のための東京改造に立ちむかうことになりました。

革新都政はそのためにシビルミニマムを設定し、その具体化の方策として「都民サービスを中心とする施策」と「都市改造のための施策」の二つの柱で構成された「東京都中期計画」を策定。また、「東京を真に住みよい都市にするためには、東京の都市構造についての根本的改革が必要」「（毎年の予算を土台にくみたてる：筆者注）現行制度のワクをかなり超えた」改革をすすめることが必要だとして、「青空と広場の東京構想（試案）」（一九七一年・以下東京構想）を策定しました。

都民参加の都市づくり

都市計画とは、単純にいえば（略）、市民共同の意志を固めるための作業手続き（計画策定手続き）と、これを実現するためのルール（事業手続きと土地利用・建築規制）の体系である。残念ながら日本の都市計画制度は、この市民の意思の反映という点でも、計画と事業・規制の結びつきという点でも、他の先進諸国と比べるときわめて弱体である。

大方潤一郎・東大教授

東京構想では、第一に「都民参加による都市づくり」が提唱され、「都民よる都市改造運動」、「計画への市民参加」「新しい参加方式の提起」など、それまでの都政では考えられなかった都民の参加の道が示されたのです。

たとえば、都市計画決定過程への都民参加については、都市計画法の改正による公聴会の開催や都民の意見聴取などの制度化（一九六八年）以前の段階から、おおくの局面での住民参加を実現していましたし、法律改正後も、用途地域指定などにあたって区市町村に試案を作成してもらい、それにもとづく住民説明会を設定し、都の職員がその住民説明会にでかけていっていろいろな意見をきかせてもらうなど、法律以上の住民参加をすすめたのです。

こうしたもとで、住民の陳情をふまえて国立駅南口の高層ビル建設計画に対してきびしい容積率を指定したり、業界の高層ビル建設要求に対しては、容積率を一二〇〇%から八〇〇〜一〇〇〇%に抑える指定をおこない業務床の増加を抑制するなどを実施しました。

また、放射三六号線道路問題では、対話集会を重ね、「放射三六号道路の住民投票に関する調査会」を設置するなど住民参加を徹底しました。

平尾英子道路対策連盟事務局長（当時）は、「美濃部さんは（略）、あのユニークな発想で対話集会だ、住民参加だ、民主主義だ、住民投票だとワアーッとやってくれたから道路行政の殻も破れたし、都も変われたんです」と述べています。（証言　みのべ都政）

このほかにも、ゴミ戦争での杉並清掃工場建設、排気ガス公害での新宿区牛込柳町再開発、基地跡地利用での武蔵野市のグラントハイツ跡地利用などでも都民参加での計画づくりがすすめられました。

東京・都心一極集中の是正

東京にシビルミニマムを実現し、公害を克服して、東京を真に住みよい都市にするためには、東京の根本的な都市改造が必要である。「広場と青空に東京構想」は、このための、市民生活に視点をおいた総合的・体系的な都市改造の構想である。

広場と青空の東京構想—試案発表後のあゆみ—1973

革新都政二期目となる都知事選挙が一九七一年に実施されました。東京都はその年の三月に「広場と青空の東京構想（試案）」（以下「東京構想」）を発表。一方、自民党の単独推薦で立候補した警察官僚の秦野章候補は、環状八号線の立体道路化、国鉄跡地の活用、新東京開発公団の設立などを柱とした、財界・大企業奉仕、鉄とコンクリートの開発構想＝いわゆる「四兆円ビジョン」をかかげました。

結果、革新統一候補の美濃部亮吉氏が圧勝。都民は市民生活と環境優先、都民参加をかかげた「東京構想」に軍配をあげたのです。

都民のための都市改造

その「東京構想」は、「新しい東京計画」として、都心への一点集中を改革するための〝心と多摩連関都市とその中間に位置する新都心（新宿）の形成〟を図る「二極構造への転換」、「都民による都市改造運動」「シビル・ミニマムのシステム化」など、それまでの都市づくりを大転換する方向を提起するとともに、その具体的方策として、多摩連関都市計画・東部地域整備計画・生活都心帯計画・臨海地帯計画の「四つの戦略計画」を提起。さらに「多様な先駆事業の実施」として、多摩ニュータウン建設・江東地区再開発・柳町再開発・海上公園建設・グラントハイツ跡地整備を提起。交通と緑のシステム計画として基幹交通のシステム計画、緑のシステム計画を打ちだしました。

そして美濃部知事は、知事就任にあたって、前期四年間での福祉・くらしの施策の前進をふまえて、二期目のおおきな仕事として、「都民の誰もが安心して住める東京にするための都市改造、シビルミニマムの実現のために、地域の特性に応じた都市構造の改革、東京の住宅不足の解消、公害の撲滅、通勤難の解消、震災対策などの解決に強力な施策を進める」ことを力づよく表明したのです。

都市づくりの7つの柱

美濃部都知事は、また、都市づくりをすすめるうえでの指針を七つの柱としてまとめ、都民に示しました。

①シビルミニマムの実現とその底上げが、東京における都市づくりの根本
②都民による下からの都市づくりでなければならない
③実現性と妥当性を持たなければならない
④都市づくりは鉄とコンクリートだけではない
⑤生活機能優先の原理を確立すること
⑥都市づくりには自治体の責任とリーダーシップが確立されなければならない
⑦平和と民主主義をわすれてはならない

今日に残る先駆的事業

「東京構想」が提起した都市改造は、先駆的事業をはじめ、都民との共同をちからに次々と実現されていきました。

たとえば、国主導で革新都政以前からすすめられていた多摩ニュータウン建設では、①単なるベッドタウンとするのではなく、職住近接型の新都市として建設する、②地元関係市町の事業参画をすすめるなど改革をすすめ、国の産業政策のいっかんとしてのニュータウンづくりから、住民、地域主体のまちづくりへと転換を図りました。

江東地区再開発は、災害危険度の高い江東デルタ地帯での災害対応、生活環境改善、経済基盤強化を図ることを目的に、白鬚、四つ木、大島・小松川、木場、両国、中央、(錦糸町)の6地区で都市整備をおこなうもので、その第一号として白鬚東地区が防災拠点として整備され、その後もこの構想をベースに都市整備がすすめられることになりました。

柳町再開発(新宿区)では、自動車排気ガス公害の解消を実現。海上公園建設では、なぎさ公園としての葛西臨海公園を建設、夢の島公園なども都民の憩いの場として利用されています。練馬のグラントハイツ跡地は、戦後、米軍家族宿舎として使われていた土地でしたが、革新都政はその返還をかちとるとともに、「従来の住宅用地に見られるような孤立的、閉鎖的な開発ではなく、周辺地域とも調和のとれた好ましい環境の緑豊かな市街地として整備する」ことを提案。現在、光が丘パークタウンとして親しまれています。

生活機能の優先

都市問題は深刻であるとか、よい都市づくりをせねばならないというが、それは「誰に」とって問題なのであり、「誰からみて」よい都市なのか明らかにしなければならない。

東京問題調査会・助言

よい都市づくりとは、都民にとって、安全・健康・快適な生活を保障する東京の改造をめざすことに他ならない。

美濃部知事の都市づくりに対する基本的な方針は、「生活機能の優先」と「都民参加による都市づくり」の二点に集約されよう。

都政 1971―4

戦後の高度成長政策と東京オリンピックのもとで膨張をつづけた大都市東京。終戦からわずか二〇年のあいだに、人口は終戦時の三倍の一〇〇〇万余に増え、住宅不足、劣悪な住環境、公害、痛勤地獄など深刻な都市問題に直面させられていました。

こうしたもとで都政を担うこととなった革新都政は、福祉や教育などの拡充とともに、安全で快適な都市生活の実現にとりくむことになりました。

東京都はこうした課題にとりくむにあたって、シビルミニマムを設定するとともに、「東京都中期計画'70」を策定。中期計画では都市の基幹的施設の整備や都市基盤の改造に関する施策として、公害、災害、住宅、生活環境施設、交通、流通、市街地整備、地域振興開発の八項目で構成される「都市改造計画」をかかげました。

うち、「生活環境施設」では、上水道、下水道、生活道路、公園緑地、清掃、地域福祉文化施設の六つが対象施策とされました。これこそは、都民の切実な要望でありながら、保守都政のもとでながく放置されてきたものにほかなりません。

一〇〇%普及めざして

近代都市の基盤施設であり、都民が快適で衛生的な生活をおくるうえで不可欠な上下水道。革新都政のもとで目覚ましい改善がはかられました。

上水道

当時、東京では慢性的な水不足と水道未普及地域の改善が課題となっていました。このため、革新都政は、水源対策をすすめるとともに、三園・小作などの浄水場の新設と既存施設の拡充にとりくみ、給水施設についても区部については一九七五年度までに、三多摩地域については一九八〇年度までに一〇〇％普及することを目標として定め、給水能力を倍化させました。

下水道

ヨーロッパではおおくの都市で一〇〇％普及し、あたりまえの都市施設となっていた下水道。その普及率は、東京では区部で三六％、三多摩地域では市街地面積の五・六％（一九六八年度末）に過ぎず、大阪や名古屋（六割普及）と比べてもおおきく立ちおくれていました。

このため革新都政は早急に一〇〇％普及させるための計画（区部一九七八年度まで、多摩地域一九八五年度まで）を立て、区部の普及率を六五％にひきあげ、三多摩地域についても「三多摩地域総合排水計画」を策定、流域下水道の整備にとりくむなど市部の普及率も三六％までに引きあげました。

〝ゴミ戦争宣言〟

急速な都市化のもとで激増する廃棄物。最終（埋立）処分場をかかえる自治体とゴミを持ちこむ自治体間の深刻な対立を生みだしていました。こうしたもとで美濃部知事は〝ゴミ戦争〟を宣言し、その解決に全力をあげることとなりました。

区部において未処理で埋め立てていたゴミを全量焼却できるよう北・石神井・世田谷・千歳清掃工場などの建設をすすめ、清掃工場の処理能力を七倍化させ、一九七七年には全量焼却を実現しました。

また、繁華街での毎日収集や粗大ゴミや不燃物・不適物の分別収集など資源回収・リサイクルのとりくみを推進しました。

都民が主人公の都市づくり

よい都市づくりとは、保育園、集会場、学校などの地域施設の整備、安全な道路、上下水道、住宅、交通機関などの生活基盤の充実、さらに公害や防災から都民の生命と生活を守る都市構造の実現などが一体として考えられなければならない。

都政　1971—4

革新都政が、都民が住みやすく安心してくらすことのできる都市を実現するために果敢にいどんだのが、生活機能優先の都市づくりでした。それまでは一九六四年のオリンピックをてこにした大企業のための開発・都市改造路線が大手をふっていましたが、これにブレーキをかけ、都民が主人公の都市づくりに大転換することでした。

都民のための道路整備

その一つが道路のあり方についての考え方の転換です。

私は、公園をつくり街路樹を植えるといった、「広場」と「緑」のための街づくりには費用を惜しまなかったつもりだが、道路建設だけはことのほか慎重に行った。

私は道路についてこう考えていた。道路はつくればつくるほどいいというものではない。道路をつくれば自動車が集まり、かえって前以上に混雑して危険なばがりか公害をまき散らすだけである。

従って、私は道路自体を新設することよりむしろ、歩行者の安全のために歩道橋をつくったり、車公害を防ぐために緑地帯を設けるなどの方に意を注いだ。

美濃部亮吉

これは国策としての自動車優先の国土政策、経済政策への挑戦でもありました。

こうして革新都政は、一九六七年の誕生からの

大きく前進した生活環境の整備

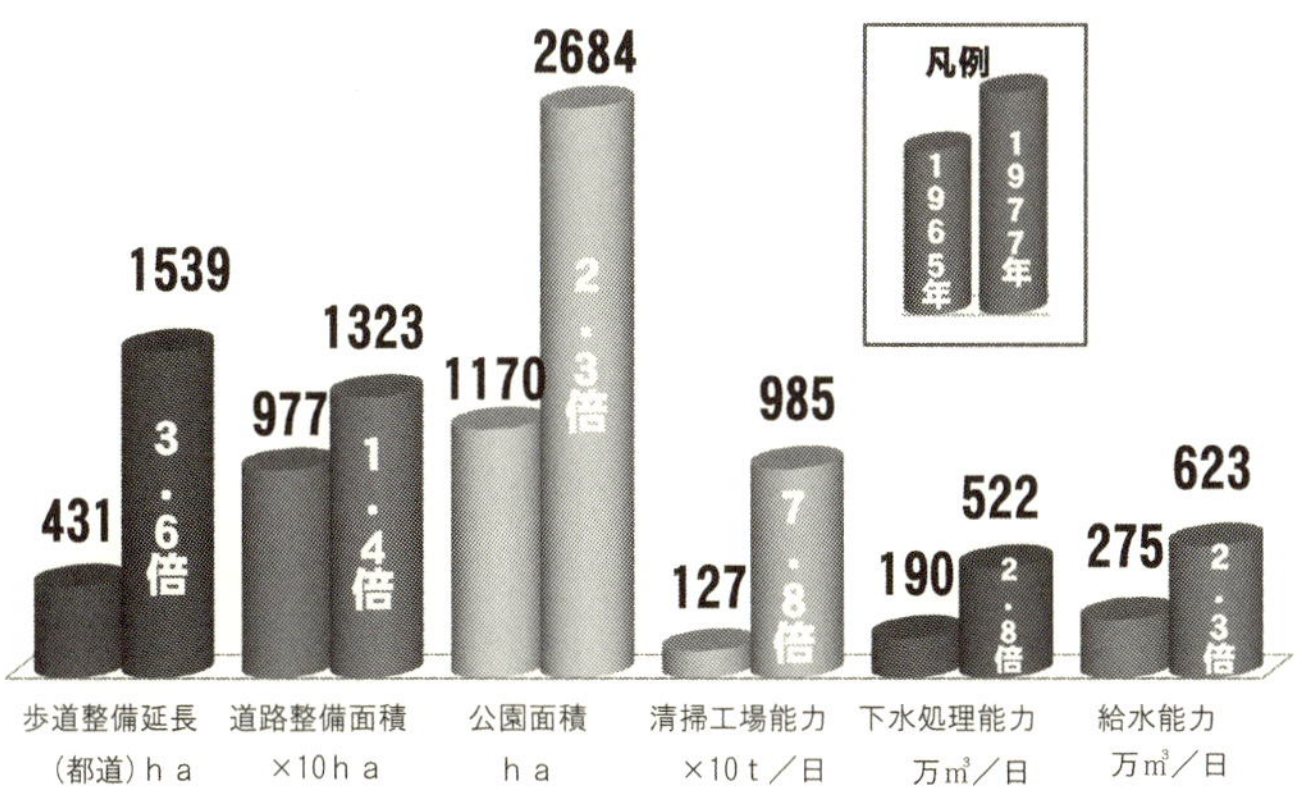

三年間だけで歩道橋を五〇〇ヵ所近く、信号機を東都政時代の五倍の一〇〇〇〇基設置。また、一二年の間に歩道を一一〇〇km、ガードレールを一〇〇〇km以上も整備したのです。

くわえて、裏通りから車をしめだすための対策や子どもたちを交通事故から守るために児童遊園地についても一九六七年から三年間で四〇〇ヵ所も増設し、お母さんたちや子どもたちから大歓迎されたのです。

こうしたとりくみの結果、東京の交通事故は八万件近くから三万件に激減することになりました。

都民参加をつらぬく

かつて石原知事は、美濃部知事が「一人でも反対があったら橋を架けない」といって、東京のインフラ整備を遅らせたと攻撃したことがあります。しかし、事実は、美濃部知事は議会をはじめ都政の場でこのような発言をしたことはありませんし、革新都政は歴代都政のなかでも、道路・橋梁をはじめ地下鉄、上下水道などの社会インフラを大きく前進させてきました。都市計画道路の建設を比べても、のちの鈴木都政は年平均二二・七km、石原都政は二二・五kmにとどまっているのに対して、革新都政時代は二六・一kmも建設しているのです。

そして何より誇るべきことは、革新都政がこれらのインフラ整備を、保育園の増設や老人医療費無料制度、都営住宅の大量建設、都立高校増設などの都民要望に応えた施策を推進させながら、同時に遂行していたことです。

道路づくりについても、革新都政は都民の要望をふまえ、住民参加・合意のもとですすめたことも重要です。この点でも、他の都政のもとでは住民不在の強権的なやり方があたりまえのようにおこなわれ、とりわけ石原都政以降、外かく環状道路や特定整備路線など住環境破壊、住民追い出しの道路建設が大手をふってすすめられているのとは大違いです。

公営ギャンブルの廃止

日本のギャンブルは自分や家族の生活をかけてやっている、これは罪悪だ。

美濃部亮吉都知事

賭博が刑法で禁じられているのは、その行為自体が悪だという社会的合意があるからであろう。そうした賭博行為を都が公然とやり、その寺銭で行政を行うというのでは、都政自体が不法化して都民の信頼を得られなくなるのではないか。

都知事12年　美濃部亮吉回想録

戦後の公営ギャンブルは、戦後復興の財源対策の応急措置として、国が地方自治体の開催を認めたことからスタートしたもので、地方自治体の財政難を背景に、一九四六年の競馬再開から競輪、オートレース、競艇へと拡大していきました。

東京における公営ギャンブルによる収入は、東京都が約一〇〇億円、歳入総額の一・六%といわれ、特別区も歳入総額の二・一%にあたる約四五億円、多摩の各市（開催市）では歳入総額の一一・七%にあたる約七六億円にものぼっていました。なかでも、府中市、立川市、青梅市は公営ギャンブルの依存度が高く、それぞれ歳入の二八%、二七%、青梅市にいたってはなんと五三%。歳入の過半がギャンブルの収入で占められていました。

一方、ギャンブルの弊害は、ギャンブル依存症による生活破綻、家庭の崩壊、青少年への悪影響、さらには、全国で八百長事件が頻発するなど社会問題化し、一九五九年に発生した松戸競輪場騒擾事件をきっかけにギャンブルに反対する世論と運動がたかまりました。

こうしたもとで革新都政は、一九六九年一月に都営ギャンブルを廃止することを表明。ただちに「東京都競争事業廃止対策審議会」と「競争事業廃止対策本部」を設置し、とりくみを開始しました。

そして革新都政は、廃止までの収益を基金に積み立て、これを業者の営業補償にあてるなど、税金を使わずに廃止を実現しました。

この革新都政の決断に対して、主婦連などの婦人団体は大歓迎の声をあげ、都民も世論調査で六八%（毎日新聞）が廃止を支持しました。一方、事業を運営している団体やこれらの団体に天下りしている都の幹部職員などは既得権を主張して反対、激しく抵抗しました。

後楽園競輪とオートレースは廃止されましたが、大井競馬や京王閣競輪、多摩川競艇などは、特別区や多摩地域の各市が肩代わり開催を求め、形を変えて継続されることとなり、今日に至っています。肩代わり開催の背景には、本来、交付税などで保証すべき自治体の財源をギャンブルに肩代わりさせて済ませようとする国の後押しがありました。

こうして、革新都政は、「都営競争事業は、四五年度（一九七〇年度・筆者中）から三年以内に廃止する」とした審議会の答申をふまえ、一九七〇年の京王競輪閣を皮切りに一九七二年度中に全事業を廃止したのです。

自治体財政の健全化

都がギャンブルを廃止することの意義は、国と他の地方自治体に対し、地方自治を守るための警鐘を鳴らすことである。

都政　1971―4

革新都政が、公営ギャンブルの廃止を打ちだした理由には、社会的弊害のおおい「賭け事」を地方自治体が経営することの問題とともに、都財政を健全化し、政府に対して地方財政政策の変更を迫ることにおおきな意味がありました。

競輪が廃止された後楽園は、その後、若者にも人気の後楽園遊園地や東京ドームとして都民に親しまれています。

課税自主権のたたかい——財政戦争

美濃部都政の第二期と第三期は日本経済が大きな曲り角に立った時期と一致する。高度経済成長とそれを支えていた構造とが転換点に立っていた。

革新知事　日比野　登

戦後、右肩上がりの急成長を遂げていた日本経済。しかし、一九七〇年代に入ると、世界の基軸通貨国であったアメリカが突然、米ドル紙幣と金の兌換を停止し、為替の固定相場制を変動相場制に転換する政策転換を実施、世界経済に大打撃をあたえるドルショックが発生するとともに、第四次中東戦争に端を発する二次にわたるオイルショックが日本経済を直撃。不況と物価上昇が同時に進行するスタグフレーションに襲われることとなり、都財政も大打撃をうけることになりました。

政府や自民党は、〝ばらまき福祉が財政危機の原因〟などと革新都政に対する攻撃を展開しましたが、事実は、不況による税収減と物価高騰にくわえ、国の革新都政つぶしのいっかんとしての財政攻撃にその原因があったことは明らかです。

自民党政府の財政攻撃

第一に、地交付税制度を悪用した締めつけです。国は、東京都が豊かであるといって交付税を不交付とするとともに、大都市固有の財政需要を認めず、各種事業費のもととなる算定基準を低くするなどの攻撃をおこないました。

地方交付税制度にしても、都は財政状況が非常に悪いときにも一貫して不交付団体でした。自治省は、交付税制度というのは都を不交付団体にしておくがゆえに存立する制度であるといっています。

証言 みのべ都政　本間 実

第二に、国は財源配分上、東京都が当然受けてしかるべき国庫支出金、地方譲与税を減額し、税制についても不利益な扱いを実施するなど不合理

な財源調整を押しつけていました。

第三に、国が事業費の単価を実際よりもずっと少なく見積もることで生じる超過負担のおしつけです。東京都は物価や人件費が高いため、超過負担の影響は甚大でした。

第四に、学校などの公共施設を建設するための起債を国が不当に制限することでした。

課税自主権のたたかい

霞が関ビル一棟分ふえることによって、鉄道、住宅、道路などの社会資本の建設費が350億円以上必要だとされています。

議会と自治体 73年6月号

東京都は首都としての役割、一極集中に対応するインフラ整備など、他の自治体とは比較にならない財政を必要としました。このため、革新都政はこれらの需要への対応と経済破たんによる税収減の解決、都民施策の拡充のために、課税自主権にむけたとりくみを開始しました。

（財政自主権をかちとる）戦いを財政戦争と呼ぶなら、それは自治体が真の主体性を確立するための独立戦争であるといえるでありましょう。

美濃部都知事、一九七五年第四回定例都議会・所信表明

革新都政は一九七二年に「新財源構想研究会」を設置し、①法人事業税、法人都民税の引きあげ、②固定資産税の適正化、③法定外普通税としての高速道路適正利用税、④法定外普通税としての公害防止税、⑤開発利益の還元と都市開発協力金—を柱とした「第一次報告」(一九七三年一月)を策定。法人事業税の超過課税(法定税率に上乗せ)と中小企業への軽減を、全国に先駆けて実施するなど、課税自主権の実現につとめました。

集積の利益を出している企業がさらに「集積の不利益」を出しているので、その不利益を排除する費用に応分の負担をお願いするという理論構成によって実施したのです。

いまこうして高齢者手当や身障者手当をもらう側に身を置いて見ますと、美濃部さんが当時かなり無理をしながらも福祉水準を引きあげたことの意義を日々感じます。

証言 美濃部都政 吉井 真

軍国主義復活と対峙

都は、東京に憲法を実現するという大きな目標の中で、東京から火薬のにおいを追放することを明らかにし、基地返還とその跡地の利用について真剣にとり組んでいます。

'74都政のあらまし（東京都広報室発行）

革新都政が誕生した一九六七年当時、日本は、アメリカがすすめる反共・冷戦構造のもとで再軍備化が急ピッチですすめられ、東京におかれた二二カ所（二一八三〇ヘクタル）もの米軍の基地が、アメリカのベトナム侵略戦争の前線基地としての役割を果たしていました。

こうしたもとで誕生した革新都政は、選挙にあたっての政策協定で、「都民の平和を守る都政」を柱の一つにかかげ、その実現に全力をつくしました。

・ベトナム侵略戦争に首都の米軍基地をつかうことをやめさせ、立川、横田をはじめすべての米軍基地をなくす
・基地拡張、自衛隊員の募集、徴兵制を準備する適格者名簿作成など、米軍と自衛隊にたいする都、区、市町村のいっさいの協力をやめさせる
・憲法の改悪に反対し、その平和的、民主的条項の完全実施のために努力する

〝都政の範囲〟を超えて

核問題はもとより基地撤去、自衛隊反対など平和にかかわる施策の多くは、都政の範囲を超えている。しかし、私は、それにもかかわらず「東京から火薬のにおいを追い払う」ことを都

政の基本目標に据えた。

都知事12年　朝日新聞

革新都政は、基地や安全保障問題は、「国の専管事項」だなどという、狭い法解釈論に立つのではなく、この問題を都政の重要課題、東京の平和と都民の安全を守ることは自治体の責務だと位置づけ、国を動かし、アメリカにも直接ものをいうことで、対米従属化での軍国主義復活に真正面から対峙したのです。

その革新都政がはじめにとり組んだのが、米軍水戸射爆場の新島への移駐問題でした。これは、水戸射爆訓練場の目と鼻の先には、東海村原子力発電所が開設されており、誤爆があれば首都圏に甚大な被害をもたらすことなることが問題となり、移駐が計画されたものです。

美濃部都知事は、「戦争につながる外国軍隊の射爆場にすることには絶対反対である」として、島民と連携して移駐を阻止しました。

美濃部都知事の来島と米軍射爆場移設反対の発言は、新島島民を大いに勇気づけました。（新島ミサイル発射場反対同盟・広野広　「明るい革新都政」から）

軍事基地から都民の広場へ

また、東京都と都民、平和団体などが連携したとりくみを通じて、革新都政一二年の間に、

一二施設一一二七ヘクタール（全返還施設一四・「東京の米軍基地」から）もの米軍基地を都民の手にとりもどすことができたのです。

北区の旧陸軍用地に開設された米軍王子キャンプ＝野戦病院は、ベトナム戦争の負傷者の治療や本国に送還する戦死者の「死に化粧」をおこなうための施設で、東京都は地元区・住民などとともに返還の先頭に立ちました。返還後は全面積六万四〇〇〇平《メートル》の公園のほか、養護学校や障害者施設などが設置されました。

グラントハイツ・武蔵野住宅は、いずれも米軍の住宅として接収されていたもので、返還後は、光が丘公園や武蔵野中央公園という大規模な公園が開設され、教育施設、光が丘団地としても活用されています。稲城町野戦病院や米軍立川基地滑走路拡張も中止においこみました。

革新都政はまた、「広場と青空の東京構想」（一九七一年）で、朝鮮戦争の出撃基地、ベトナム戦争の中継基地とされた横田や立川の基地の返還について、「（多摩連関都市）計画の中核をなす」ものと位置づけ、「広範かつ強烈な市民運動をささえとしてその実現をはかる」と宣言しました。そして、立川基地の返還を実現するとともに、返還にはいたらなかったものの横田基地についても、提供都有地の再契約拒否や基地内を走る都水道用地の返還訴訟をおこすなど、基地返還のためにあらゆる手立てをつくしたのです。

憲法違反の軍隊・自衛隊についても、立川基地への移転に反対するとともに、自衛隊が創立以来、都内でおこなわれていた観閲式＝記念式典・パレードについて、「平和な民主都政実現の目標に反する」として拒否。今日まで観閲式の都内開催は実施されていません。

革新都政の平和へのとりくみは、基地返還とともに、憲法集会の開催、水爆実験の歴史を語る第五福竜丸の保存展示、原爆展の開催、国連への核廃絶の要請、東京空襲史の編纂などはばひろくとりくまれました。それは、まさに日本を「戦争をする国」にしようとする勢力との真正面からのたたかいであったのです。

憲法を守りくらしに活かす

美濃部亮吉

私は戦後の新しい憲法と新しい自治法、それを貫く民主主義をたたえます。これは本格的な民主主義でありこれは都民の幸福を保障するに足るものです。

第二次世界大戦で敗北した日本は、それまでの絶対的天皇制のくびきから解かれ、主権在民、戦争の放棄、国民の基本的人権、国権の最高機関としての国会の地位、地方自治など、民主政治の柱となる民主的平和的な条項を定めた新憲法を制定、民主的国家の建設に向けて一歩を踏み出すこととなりました。同時に、日本はアメリカの世界戦略のもとで、独占資本主義国として復活。高度に発達した資本主義国でありながらアメリカの事実上の従属国の立場にたたされることになりました。

また、独占資本復活の拠点とされた東京では、「独占資本と大企業の利益を図ることを中心にしてきた歴代自民党都政のために、都民のための東京は、税金と公害がふえるばかりで、くらしにくい、反動教育、たいはい文化のうずまく半身不随のマンモス都市にかえられてきました。また、日本の首都東京は、憲法の平和的、民主的に反して、アメリカの軍事基地にかこまれ、ふたたび軍国主義を復活させる足場となる首都にかえられようとしています。」（明るい革新都政をつくる会よびかけ・一九六七年）という状況に置かれていました。

こうしたもとで一九六七年の東京都知事選挙にあたっては、「憲法の改悪に反対し、その平和的、民主的条項の完全実施のために努力する」ことを掲げた「政策協定」が共社間で結ばれ、革新都政が誕生することとなりました。

東京から火薬の臭いをなくす

当時、東京には二二ヵ所（二八三〇ヘクタール）もの米軍基地がおかれ、アメリカのベトナム侵略の前線基地とされていました。これに対して革新都政は「東京に憲法を実現するという大きな目標の中で、東京から火薬の臭いを追放する」ことを基本目標にすえて、米軍王子キャンプ＝野戦病院や立川基地の返還、横田基地の返還訴訟、都内での自衛隊の観閲式の中止など、憲法の平和的条項の実現のために全力をつくしました。

生存権・幸福追求権の実現

憲法は「すべて国民は健康で文化的な最低限度の生活を営む権利を有する」ことを定めるとともに、「国民の生存権」「幸福追求権」の実現を掲げています

革新都政はこの立場から「権利としての社会保障」の実現を掲げ、老人医療費無料化や無認可保育所への助成、児童手当、心身障害者扶養年金制度など数多くの施策を実現しました。

また、革新都政が無認可保育所への助成をおこなおうとしたときに、国は、憲法違反だと攻撃をしかけて来ましたが、美濃部知事は「福祉行政の空白地帯ともいえる無認可保育所に行政の手をさしのべることは、最低限度の文化的生活を約束した憲法や児童福祉法の精神を生かす道だ」としてこれをはね返しました。

どの子にもゆきとどいた教育を

憲法は国民の教育を受ける権利を等しく保障しています。しかし、革新都政以前の都政では、このことがないがしろにされていました。そこで革新都政は「一五の春は泣かせない」として都立高校の増設や私学助成の実施、障害児の希望者全員入学、父母負担軽減などを実現しました。

知事は東京に憲法を実現するために死力を尽くしてきました。民主主義の原理と憲法の精神を都政のなかにいかし、東京の自治を強化することが与えられた使命である、というゆるぎない信念を知事はもちつづけています。

スマイルと決断　明るい革新都政をつくる会

都民が主人公の都政をふたたび

わたしたち国民は20年前、戦争へのきびしい反省のうえに、平和と民主主義を基本原則として新憲法を制定し、日本の再建を誓いました。
その後、今日にいたる間、憲法をめぐって曲折も見られました。しかし、わたしたち国民は、この憲法を堅持し得ただけでなく、さらにその基本原理である平和と民主主義を、いっそう発展させ得る条件をきずきあげてきたことを誇りと考えます。とくにわたくしは憲法の規定する「地方自治の本旨」に注目したいと思います。国民生活の基盤と民主主義の土台は自治体にあります。

1967年憲法記念日　メッセージ　美濃部亮吉

革新都政が幕を閉じてから三八年が経ちました。
その間に、鈴木・青島・石原・猪瀬・舛添・小池の六人の知事が誕生。その六代の都政をふり返ると、青島都政時代に若干の変化は見られるものの、共通する特徴は、財界・多国籍企業のための都政、白民党型都政運営、地方自治の放棄—であり、「都民が主人公」「憲法をくらしに活かす」という、地方自治の精神が忘れ去られた都政であったということができるのではないでしょうか。

鈴木都政・四期（一九七九年〜一九九五年）

民間活力活用路線を都政に持ちこみ、臨海副都心や豪華庁舎に税金をつぎ込む一方、「臨調行革」で〝福祉の時計の針をストップ〟

青島都政・一期（一九九五年〜一九九九年）
福祉施策を根こそぎにする「財政健全化計画」を策定するも、都民の激しい反対で撤回。世界都市博覧会を中止。

石原都政・四期目任期途中辞職（一九九九年〜二〇一二年）
福祉を敵視、〝福祉はぜいたく〟といって、「財政再建推進プラン」を策定。老人医療費無料化や公私格差是正事業などの都民のための施策の切りすて、清瀬小児病院、福祉作業所、勤労福祉会館など都民施設を一五〇ヵ所以上廃止するなど〝福祉の時計の針を逆戻り〟させる。都市再生を打ちだし、東京メガロポリス構想など東京改造・都心一極集中を促進。憲法を否定。

猪瀬都政・一期目任期途中辞職（二〇一二年〜二〇一三年）
アベノミクスの〝キャッチャー〟を自認。石原都政を継承し、オリンピック最優先、都民の生活と健康おきざりのビジョン策定。外環道などに税金をつぎ込む一方、特別養護老人ホームや認可保育所の増設要求に背を向ける。

舛添都政・一期目任期途中辞職（二〇一四年〜二〇一六年）
石原都政を継承。東京を「世界一ビジネスのしやすい都市」にすることを掲げ、高齢者介護、子育て、貧困と格差などの切実な都民要求はなおざりにする一方、アベノミクスに連動する「東京大改造計画」を推進。子育てなど財界戦略の枠内での都民との矛盾の調整。

小池都政（二〇一六年〜）

石原〜舛添都政を継承。「都民ファースト」を掲げたが、アベノミクスの目玉施策・国家戦略特区や東京大改造計画を推進。

いま、安倍政権は憲法改悪と戦争をする国づくりの道をましぐらにつきすすんでいます。また、アベノミクスのもとでの格差と貧困、社会保障の連続改悪と負担増、多国籍企業のための規制緩和など、国民の苦しみは増すばかりです。

こうしたとき、「住民の福祉の増進」を責務とする東京都が、安倍暴走政治に立ちむかい、都民のくらしと営業を守るために全力をあげることが求められています。

にもかかわらず、小池都政は、アベノミクスに全面協力の姿勢を示し、国家戦略特区での規制緩和と都心を軸とした国際金融・経済都市づくり、大規模再開発を推進。都議会での多数与党の確保以降は、「いったん立ち止まって考える」と表明した二〇二〇東京オリンピックの施設見直しのタナ上げや築地市場の豊洲移転の強行、関東大震災朝鮮人犠牲者追悼式への追悼文送付中止など都民世論無視、タカ派姿勢を鮮明にしてきています。

そもそも小池知事は、日本会議国会議員連盟の副会長を務めた憲法改正論者であり、過去には、日本の核武装を主張したこともある右派勢力の旗手です。先の総選挙では、党首をつとめる希望の党の政策に憲法改悪を掲げており、その本質は安倍首相と変わりありません。

力をあわせ都政転換を

私たち革新都政をつくる会の出発は、一九六七年に革新都政を誕生させた「明るい革新都政をつくる会」(以下、明るい会)です。この明るい会の伝統をひきつぎ、各都知事選挙をたたかい、二〇一六年の都知事選挙では、野党と市民の共同での選挙に参加し、鳥越俊太郎氏を候補者に、その勝利に全力をつくしました。

いま、安倍暴走政治が国民生活にかつてない苦しみをもたらし、小池都知事がこれと連動して、暴走政治を都政に持ちこもうとしている時に、これにストップをかけ、都民が主人公の憲法がくらしのすみずみにまでゆきとどく都政を実現することが、私たちに課せられた責務です。

私と革新都政

都民で感謝と失望の日

早乙女勝元

民間の組織「東京空襲を記録する会」は、作家の有馬頼義氏を代表に1970年に結成され、革新都政下の美濃部亮吉都知事に、大空襲資料集作りの援助を要請しました。

呼びかけ人の私は、どうなるかハラハラドキドキものでしたが、美濃部さんはにこやかな表情で、快諾してくれました。この時ほど革新都政の恩恵を強く感じたことはありません。足立区のはずれの住居でも、都民でよかったなァと、感じ入ったものでした。

それから私たちは、都の援助で四年近くかかって、『東京大空襲・戦災誌』（全5巻）をまとめて、菊池寛賞ほかを受賞。これがきっかけとなって、全国の諸都市に「空襲を記録する」市民運動が起きました。背景には、激化するベトナム戦争があったことは、疑いありません。

また、さらに都に大空襲の資料館を作れの動きになり、大いに期待して資料も収集したのですが、1999年、石原都知事となって、建設計画は「凍結」。私たちが都の施設にあずけていた資料の一部（ダンボール箱約40）が、締め出されるという事態になりました。

都民から寄せられた貴重な資料です。どうしたらよいのかと悩み、学者のグループ「政治経済研究所」の皆さんと共に、民間募金で資料センターを作ることになり、当地はある篤志家から無償で提供されて、2002年に「東京大空襲・戦災資料センター」（江東区北砂）が、開館したのです。

これまでに当センターに来館して、いのちと平和の尊さを心に刻んだ人たちは20万人近くで、全国からの修学旅行生徒が、目立つようになりました。

未来世代のかれらに、センターは平和の種まきをしているのだと思います。若い世代への平和テキストになればと私は、新刊『アンネフランク』近刊『赤ちゃんと母の火の夜』(新日本出版社)をまとめて一息、憲法9条を次世代にと、各地で訴えているところです。

都政と私

元保谷市長　都丸哲也

美濃部革新都政誕生50周年を迎え、記念誌を世に送る意義は極めて大きいと思います。美濃部さんは、大内兵衛先生が「責任をもって支える候補者」としてデビューした異色な候補者だったと思います。「明るい革新都政をつくる会」に結集された個人・団体の層の広さと質の重厚さは異色でした。大内兵衛、中野好夫、市川房江、吉永小百合、高峰秀子をはじめ学者、文化人や弁護士など各界、各分野の著名人の積極的参加を得、他方、社会党、共産党を軸に総評、東京地評、都労連など労働組合、婦人会議、新婦人の会、全商連、青年団体など幅広い、しかも対等平等の革新統一戦線が形成され、強力な都民本位の都政実施を目差す戦力となりました。美濃部革新都政の誕生は、その後の東京都内の自治体首長選挙に多大な影響を与えました。中央沿線では中野区をはじめ、武蔵野市から日野市まで、西武池袋線では、練馬をはじめ保谷市から清瀬市まで、各駅毎に革新自治体が誕生しました。

私は、１９７７年2月から4期、保谷市政を担当しました。基本理念を美濃部革新都政の方法に重ねて、革新保谷市政を構想しました。市民と向き合う自治体の窓口として市民委員会の公募、高齢者、障害児（者）、保育士など社会福祉、教育行政の民主化、教育長人事を重視し、教育基本法・日本国憲法を重点とする教育行政を推進できる教育長、校長人事を重視、上・下水道、緑化、農業などに力点を置きました。これらを総合的に示したのが、市民であった詩人、茨木のり子さんと図り「憲法擁護・非核都市保谷市の宣言」でした。議会に提案、自民党のみの反対で採択され、同時に市民向け「憲法学習講座」を開設しました。最後に一点だけ報告させていただきます。「老人ホームの個室化」についてです。保谷市内には緑寿園と東京老人ホームという、何れも歴史と伝統のあるホームがありました。その一つ、東京老人ホームが「人間としての尊厳を守るためにホームの個室化」をと訴え、国と都に協力を要請してきました。私も一緒に要求行動に参加しましたが零回答でした。創立70周年記念に施設の改築を実施するが是非間に合わせたい、保谷市で協力できないかと切望されました。私は8億円の負担は重いので他市と合同出資でもよいかと協議したところ、都丸市長一任という話になり、武蔵野市長の理解を得て保谷・武蔵野二市で「個室化」を実施することが出来ました。その後、都負担・国負担が実施されるようになり、今日では常識となっています。

革新都政とともに歩んで

元日本共産党都議会議員　朝倉篤郎

（1）

私は1967年の7月、革新都政のもとでの最初の都議選で、三多摩初の日本共産党都議会議員となった。この時、日本共産党都議団は9名から18名へと倍増した。

私たちの第一の仕事は、「老人医療費無料化」を実現することであった。

自民党佐藤内閣は老人医療無料化は「枯木に水をやるようなもの」「法律違反」とはげしく攻撃した。これに対して民主団体や労組、そして広範な都民が署名運動などで世論をつくり反撃した。

そしてその年の10月15日、都議会は「老人医療無料化」の条例を可決。さらに12月1日都は70歳以上（老齢年金受給者）の老人医療無料化を実施した。

その後「無料化」は全国の自治体のひろがり、その圧力は、自民党佐藤内閣も「無料化」に踏み切らざるを得なくした。

私はこの闘いを通して、首都東京の変化が全国の自治体を動かし、自民党政府をも動かさざるを得なくすることを実感した。

（2）

私は最初の都議4年間は、三多摩市町村の施策にかかわる「企画、総務、首都整備委員会」

で活動した。

知事が「三多摩の市町村で、体育館とプールのない4中学校に、都費でこれらをつくる」方針を出した。私はその時、企画調整局長をしていた柴田徳衛さんに「小金井市では、小中学校を造るとき、プールと体育館は造らせた、むしろ頑張ってきた市町に御苦労さんと、都費を出さないかねえ」と冗談をいったことがある。

そして都は市町村水道事業の都への一元化をおこない水道料金の格差をなくし、流域下水道を造り公共下水道を進めるなど、多摩格差をなくす努力をした。

（3）

都民の世論と運動によって、創り出された革新都政は、知事ばかりか、職員にも住民に顔をむけさせ、本来の自治体のあるべき姿を、全国の地方自治体に示すものとなった。

こうした中で、1971年3月15日美濃部都知事は、「明るい革新都政をつくる会」で2期目の出馬表明を行った。

同じ日、日本共産党の浜武司都委員長と、社会党占部秀夫都本部委員長によって、都知事選にひきつづく、三多摩各市の市長選で、清瀬、東大和、立川、三鷹、小金井、小平、東村山、武蔵野、国立の9市で共・社が統一してたたかう、「九市一括協定」が結ばれた。

このとき全国で革新統一市長として当選したのは10市で、そのうち3市が三多摩地域であり、少しおくれて「9市一括」の一つ立川市で、阿部行蔵さんが当選した。

私と革新都政

元東京母親大会連絡会委員長　有薗栄子

革新都政誕生から50周年と聞いて「ええーっ、もうそんなに？」と驚いた。が、次々と昨日の事のように当時のわくわくした思いや出来事が蘇り頭の中を廻りはじめた。

やさしいスマイルと温かい特徴のある声の美濃部さん、青空バッチをみんなで誇らしげに付けて、道を歩きながら或いは電車の中で、同じバッジを見つけると、〝頑張ろう〟とアイコンタクト、これが楽しかった。ビラ折り、ビラ配りと春休みを返上しての奮闘、投票日には「ミノベ・イレロ」と連呼する5歳の娘と投票所へ。〝ミノベ〟は都民の合言葉だったし、まさに、〝東京燃ゆ〟だった。

14万票の大差をつけて堂々の当選。伏魔殿を造りだした大企業本位・都民不在の都政への都民の怒りが爆発し、社共統一候補、革新都知事美濃部さんの誕生となった。

憲法を都政に生かす

①妊婦健診の無料化②老人医療費無料化③小学生以下の動物園、水族館の無料開放④予防接種の無料化等々都民要求を着実に具体化していった。

当時、私は中学校教員をしていましたが、革新都政の実現は、教育現場にも大きな変化をもたらした。6月、都教組は革新都政下初の教育長交渉で、①勤務時間については実質拘束7時間30分の明確化②研修願いや休暇願いは研修簿・休暇簿に。組合教研も差別なく研修扱いに③指導主事の「計画訪問」は一般訪問となり、あくまで学校の要請にもとずくもの、等を確認したのである。お伺いを立てながらビクビクピリピリさせられていた職場は明るく生きいきとしたことをはっきりと思い出す。

革新都政の12年間、都民運動は次々とおおきな成果を挙げた

ポストの数ほど保育所を　全国のトップを切った東京の保育運動

「仕事も子育ても」の願いは切実で第1回母親大会（1956年）から「お宮の境内で始めた青空保育」「個人宅持ち回りの無認可保育、職場の片隅での共同保育」の要求等が続出。60年以降、核家族・働く女性が急増し、保育分科会は「母親の働く権利と子どもの集団の中での育ちあいを統一した保育所」の学習と国や自治体に要求する経験交流の場として毎年会場は満員。急遽会場を体育館に移したり、10教室もの課題別にした年もあったほど。

とりわけ東京の地域運動は爆発的で、願いが実現するまで都庁や役所、何処へでも子連れで、夜通しの座り込みも厭わぬ勢いだった。東京無認協・東京保問協・保育合研集会などが母親大会から独立した。こうした母親・保育・民主運動が明るい会に結集し、革新都政を生みだした。そして念願の保育課題は飛躍的に実現、日本で画期的な高い峯を打ちたてることができたと思う。

中児審や日経連の労働政策という逆コースに抗して、憲法・児童福祉法に依拠し、革新都政は「保育所緊急設置や無認可保育室への助成」を皮切りに、社会的に保育所の存在・認識を高め、全国と国の保育政策に大きな影響と刺激をもたらしたのだ。

こうしたたたかいの経験・その積み重ねは、政治への関心・くらし・教育・福祉を見つめなおす力を手つなぎで広げ深めてきたように思う。

革新都政は50年も昔の事だが、私たちの奮闘次第では、すぐ目の前のことである。よどんだ東京の空を、一日も早くスッキリさせたいものだ。

あの感激から半世紀　美濃部都政をふり返る

元都職労委員長　三栖義隆

1967年美濃部都知事が実現、当時私は都職労世田谷支部にあってその運動の一翼を担い、とりわけ青年部の活動を援助していた。

この選挙戦で〝明るい会〟と美濃部候補の間の政策協定は私たちの運動を大きく励ますものであった。（1）都民本位の民主都政（2）都民の生活環境の改善、などに加えて「都職員の労働三権の完全回復と組合活動の自由の保障」は私たちにとって最も歓迎すべきものであった。当選した知事は都民との対話、そして清掃労働者、保母など職員との対話も積極的に進めた。

〝東京に青空を〟とする8項目の〝東京構想〟シビルミニマムとする61項目の具体的政策は都民の心を大きくつかみ、私はこれを〝シビレ〟ミニマムと言い替えたが、その後、職員としても別な意味での〝シビレ〟ミニマムともなっていった。それはどんなすばらしい政策であっても、予算（財政）、時間等の制約の中での事であり、その実現には大きな困難を伴うものであったからである。

私は、美濃部都政の三期に都職労中執になった。一方、美濃部都政は深刻化する都財政危機の最中にあった。その要因は石油ショックを契機とするスタグフレーションであったが、自民党などはこれを美濃部都政の〝バラマキ福祉〟などと攻撃、都職労はいち早くその要因を明確にして〝都財政再建100万署名〟に取組んだ。〝バラマキ〟論の克服と100万署名の成功のため〝都財政も家計も火の車〟とするステッカーをすべての清掃車に貼付したことも懐かしい思い出である。

都政の根幹である財政問題についても〝彼岸視〟せず、その再建も自治体労働者の責務である…としたこうした運動が、都民本位の都政をとする革新都政二期の間つちかわれてきた自治体労働者のあるべき姿の象徴でもあつた。

今、革新都政の半世紀を振りかえるとき、〝明るい会〟の形成の経過や、その後の統一戦線のあり様、そして民主政治とは何か、など深い検証が求められている。

〝会〟が都民要求の掘り起し、都政の未来像、そして都民の願う平和、環境など新しい構想と〝シビルミニマム〟の提唱を期待している。

公害防止に積極的に取り組む美濃部革新都政

東京農工大学・フェリス女学院大学名誉教授
本間　慎

東京都は1970年8月6日に都内のカドミウム使用工場の排水中のカドミウム分析結果を公表しました。それによると、排出基準0.1ｐｐｍ以上をたれ流していた工場は30工場もあったといいます。カドミウムのような陽イオンをもった物質は土壌（粘土）は陰イオンを有しているので静電気的によく吸着し、土壌を汚染させるので工場から排出される濃度が低くても日にちが経過すれば水田の場合、高濃度な汚染米が生産される可能性があります。筆者は学生とともに、カドミウムの排水基準を上まわっていた府中市にあるＮＥＣ工場の排水が流れ込んでいる府中用水を利用している上流と下流の水田土壌を調査しました。カドミウムの分析については、東大の浅見輝男氏、筑波大の森下豊昭氏の協力を得てクロスチェックの結果、ＮＥＣ上流も若干汚染されていましたが、下流域の水田土壌から最高値13・8ｐｐｍが検出されました。

この濃度から判断すると、周辺水田から汚染米が生産されている可能性は十分あり得ると判断しました。この結果をどの様に社会に発表したらよいか、東京都は美濃部革新都政であるので、保守派から都は工場の排水調査はしても環境調査はしていなかったと、追求されるであろうことを懸念して結果の発表を思案していたところ、読売新聞の田中正人記者が筆者の所へ尋ねてきて調査結果の発表をせまってきました。筆者はカドミウムの調査はしていると話し、「汚染されていない自然土壌にもカドミウムは0.5ｐｐｍ程度は含まれているよ」と説明しましたら翌朝の読売新聞に「府中にもカドミウム汚染米？　水田から0.5ｐｐｍ——日本電気府中事業所周辺　東京農工大　更に20か所調査へ」の記事が出たので、各社からなぜ読売だけに記事を流したのかとの抗議や東京都は0.5ｐｐｍは自然界値で問題ないのではないか、といって無視する傾向があったといわれていましたが、都公害研の部長と課長が筆者の研究室に来られ、都も調査するのでよろしくとのことであった。私は都の調査結果が出るのを待って、都との共同発表を１９７０年10月13日に行いました。各社は１９７０年の公害国会も終わり次にどのような公害が発生するのかとさぐっている状況のなかで、カドミウム汚染は鉱山や製錬所周辺の水田地帯で発生する公害であり、各社は製錬所もない首都東京でおきたカドミウム汚染にびっくりしたと記者たちはいっていました。筆者は東京都に対して次の要望書を提出しました。

①都は、日本電気周辺におけるカドミウム汚染を確認すべきである。②日本電気の上流も汚染されているので、それらの汚染源の追及と汚染の広がりについて調査すること。しかし、日本電気は汚染源の一部をなしていることは明らかである。③関係住民の検診を直ちに行うこと。④被害農民への補償問題は前向きの姿勢で善処すること。⑤これらの対策について、都は受け入れること。他の自治体の模範になってほしいこと。

要望は受け入れられ実施されました。また、全都的な調査と対策については「土壌汚染専門委員会」を発足させ、私も専門委員に選出されました。

都は、カドミウム汚染対策として、①住民の健康診断の実施。②カドミウムを0.4ｐｐｍ以上をふくむ米が生産されるか、あるいはそのおそれのある地域を「産米買上げ地域」に指定し。③代替米の配給措置。④汚染農家への助成。⑤カドミウム対策に関する協議会の設置。⑥カドミウム汚染の実態とその原因究明への取り組み。⑦加害者が明確になれば、加害者に補償を要求する。

以上の件は保守都政ではできない被害者の立場を考慮した政策といえます。

東京都のカドミウム汚染問題の解決に当たっては、革新都政であったことと公害をなくす運動の中心であった各地の「公害をなくす会」運動に参加した多くの住民並びに革新的政党の大きな運動によってもたらされたものであることを最後に述べておきます。

参考文献

革新都政史論　(有働正治　新日本出版社)
21世紀の都市自治の教訓　(東京自治問題研究所・『月刊東京』編集部編　教育史料出版会)
東京　―その経済と社会―　(柴田徳衛　岩波新書)
都政　1971―4　(財団法人　都政調査会)
地方自治とシビルミニマム　(京都自治体問題研究所編　法律文化社)
美濃部亮吉　都知事12年　(美濃部亮吉　朝日新聞社)
美濃部都政の素顔　(内藤国夫　講談社)
都市計画と東京都　(都政調査会)
東京の社会福祉運動　(都政新報社)
小説都庁　(太田久行　21世紀ノベルズ)
美濃部都政12年　(政策室長のメモ太田久行　毎日新聞社)
東京都知事　(日比野登編　日本経済評論社)
東京都政　(須田春海　生活社)
革新自治体　(サンケイ新聞地方自治取材班　学陽出版)
都市型社会の自治　(松下圭一　日本評論社)
東京の社会福祉運動　(都政新報社)
東京を考える　―都政白書'69―　(東京都)
東京の都市改造　―所論の分析―　(東京都議会議会局調査部)

革新都政以前

年	都政の動き	社会・国の動き
1947年	4 第1次いっせい地方選挙で都長官公選・安井誠一郎長官当選 5 都長官を都知事に改称	5 日本国憲法 地方自治法施行（労働基準法、児童福祉法、教育基本法、学校教育法、独占禁止法など公布）
1950年		4 蜷川虎三京都府知事誕生（〜1978）（朝鮮戦争勃発・朝鮮特需）
1951年		5 児童憲章制定（「サンフランシスコ平和条約」「日米安全保障条約」締結。日本がアメリカの事実上の従属国に）。
1952年	（1946年にはじまった区長公選制を廃止）	
1954年		3 マーシャル群島ビキニ環礁の水爆実験で第5福竜丸被爆 12 「神武景気」（〜1957年6月）

年		
1955年		5 東京通達局が立川基地拡張を通達。「砂川基地拡張反対同盟」結成 （電気洗濯機、電気冷蔵庫、テレビの「三種の神器」がブームに）
1958年		（岩戸景気・6月～1961年12月まで）
1959年	4 東龍太郎知事当選 6 鈴木俊一氏（副知事就任）	
1960年		5 新安保条約強行採決
1962年		11 オリンピック景気（～1964年10月） （東京の人口が1000万人を突破）
1963年	4 東知事候補の選挙ポスターニセ証紙事件 7 都知事選挙違反。都庁汚職に関連して前都議会議長など53名起訴 （都で汚職事件多発）	4 飛鳥田一雄 横浜市長誕生（～1978年） （第1次マンションブーム）

革新都政以前

1964年

10　第18回オリンピック東京大会開催
12　都知事選挙ニセ証紙事件、全員有罪判決

7　40年来の異常渇水、都内で第3、第4次給水制限
8　ベトナム・トンキン湾事件勃発。ベトナム戦争が本格化
大和米軍機墜落事故で市民5名犠牲に

1965年

3　東京地方検察庁が都議会議長選挙をめぐる汚職事件で3名の都議会議員を逮捕
4　同都議会議長逮捕（6月までに11議員逮捕）
6　「地方公共団体の議会解散に関する特例法」にもとづき都議会解散

4　ベ平連が初のデモ実施
8　都民の要求と民主連合都政の実現をめざす全都連絡会（全都連）結成
11　いざなぎ景気（～1970年7月）
（米軍・北ベトナムへの爆撃開始）

1966年

7.7　社会党成田書記長と共産党宮本書記長が都知事選問題で会談

2　第1回物価メーデー開催
3.7　「私の要求」をかかげた全都連第1回対都交渉実施
12　衆議院「黒い霧解散」

1967年

2　社共両党書記長会談。都知事選挙問題で意見交換
3　社共両党書記長が「東京都知事選挙の政策協定」「共同闘争の体制についての協定」に調印　美濃部亮吉氏も同協定に署名
大内兵衛氏ら13名が「明るい革新都政をつくる会」のよびかけを発表
3　「明るい革新都政をつくる会」結成
4　第6回いっせい地方選挙で革新統一候補の美濃部亮吉氏が都知事に当選
美濃部亮吉都知事初登庁
6　美濃部都知事施政方針演説
7〜8　未認可保育所実態調査実施
7　都政史上初めての都知事と都民の対話集会「都民と都政を結ぶ集い」を開催。
8　都知事を囲む保育所問題懇談会開催
9　中小企業制度融資の信用保証料肩代わりの実施と無担保無保証人融資の拡充

（ヨーロッパ共同体・EC発足）

年	革新都政1期目	
1968年	1　美濃部知事が「都政の最大の目標は都政民主化」と表明 東京都が無認可保育所への財政支援を決定 4　東京都公害研究所開設 （芸術文化団体の公演に対する助成制度開始） 5　第1回「憲法記念・地方自治を守るつどい」開催 美濃部知事が、王子野戦病院の早期移転を米軍に要請 美濃部知事、物価問題で主婦連などと対話集会開催 6　ゼロ歳児モデル保育所26箇所に財政援助実施 8　美濃部知事、視力障害者との対話集会開催 9　東京電力と「火力発電所の公害防止に関する覚書」締結 12　都議会において「東京都心身障害者扶養年金条例」成立	3・15　在日米軍が王子野戦病院の開設を突如、通告 小笠原諸島日本に復帰 （4大公害訴訟はじまる・阿賀野川水銀中毒（新潟水俣病）、イタイイタイ病、四日市ぜんそく、水俣病） 11　「琉球政府主席」公選で屋良朝苗氏が当選（〜県知事を経て1976年）

1969年	1 「東京都中期計画―1968年 ―いかにしてシビル・ミニマムに到達するか―策定。 東京瓦斯と「公害防止協定」締結 美濃部知事都営ギャンブルの廃止を表明 妊婦健診、し尿収集手数料、生活保護世帯の上下水道料金無料化 都議会で「公害防止条例」成立 江東デルタ防災対策と江東開発基本構想発表 12 老人医療無料化及び児童手当制度実施 基地返還対策室を設置	12 在日米軍が王子野戦病院閉鎖

革新都政1期目

1970年

4　都立動物園、植物園、庭園、公園などの小学生以下の子どもたちの入園料を無料化
6　新宿区牛込柳町交差点付近の鉛公害健康診断実施
6～　革新都政分断の動き
8　歩行者天国（銀座・新宿・池袋・浅草）はじまる
10　公害局設置

7　杉並区内の高等学校で光化学スモッグ発生
11　初の公害メーデー開催。参加者82万人
（1970年1年の交通事故死者数が1万6765人。今日までの最悪の数値）
（東京の消費者物価が世界で1番に）

1970年

1 「明るい会」が「都知事選の十大政策」を発表
「都民を公害から防衛する計画」策定
3 「広場と青空の東京構想―試案」発表
4 ひとり暮らし老人への介護人派遣事業を開始
第7回いっせい地方選挙で美濃部亮吉氏が再選。
公害監視委員会発足
6 東京都初の女性局長任命
9 美濃部知事が、都議会で「ゴミ戦争」宣言
10 「東京都震災予防条例」公布
王子キャンプ全面返還実現
12 グランドハイツ（練馬区）の跡地利用計画が大蔵省と合意

6 沖縄返還協定調印
8 外国為替決済方式が固定相場制から変動相場制に移行「ニクソンショック（ドルショック）」

1972年	革新都政2期目
	2 老人相談員制度実施 4 老人の付添看護料の助成開始 都立有料公園の無料化実施 私立幼稚園園児保護者負担軽減事業補助実施 6 老人専門病院、老人総合研究所改札 7 寝たきり老人への「老人福手当に関する条例」公布 9 横田米軍基地内の都有地返還を求める民事訴訟提訴 10 「東京における自然の保護と回復に関する条例」制定 12 京王閣競輪の廃止を最終決定
	6 田中角栄通産大臣（当時）が「日本列島改造論」を発表 7 田中角栄内閣成立 9 日中国交回復

1973年	1 都営バスの敬老乗車証（老人無料パス）発行開始 2 日照権確保のための高度地区調整案発表 3 都営交通機関の盲導犬乗車を認める 都議会で都営ギャンブルの完全廃止決定 4 私立高校生に対する授業料直接助成開始 7 65歳以上の老人の医療費無料化実施 8 嬬恋村農協とキャベツ安定供給契約締結	1 国・70歳以上の老人医療費を無料化 2 円の変動相場制移行 10 第1次オイルショック （安定成長期に入る。1973年～1991年） （物価の異常上昇がはじまり、トイレット・ペーパー、洗剤などの買い溜めがはじまる） 12 政府が「石油緊急事態宣言」

	革新都政2期目	
1974年	1 「異常な物価高騰から都民生活を守るための緊急生活防衛策」発表 2 「東京都緊急生活防衛条例」公布 3 「心身障害者の医療費の助成に関する条例」公布 4 心身障害児（希望者）全員入学実施 精神薄弱養護学校スクールバル配車実施 学校給食用牛乳値上げによる父母負担の軽減措置実施 私立学校経常費2分の1補助制度創設 5 法外援助措置として生活保護世帯に特別見舞金、福祉施設入所者に緊急援護費支給 7 重度心身障害者の医療費無料化助成実施 8 「解同」朝田派の「窓口一本化」の不当な要求を美濃部都知事が追認 9 「解同」朝田派の都政介入に対応するため「革新都政と民主主義を守る連絡会」結成 10 心身障害者福祉手当制度発足 11 老人無料パスを民営バスに拡大 12 美濃部知事が都議会で「財政戦争」を宣言	4 春闘史上最大規模のゼネスト実施 （狂乱物価） （経済成長が戦後初のマイナス成長に） （革新自治体潰しの「T.O.K.Y.O作戦」はじまる）

1975年	1 はじめての土地白書である「東京の土地—1974」発表 2 美濃部都知事が3選不出馬を表明 3 東京都児童相談センター開設 4 第8回いっせい地方選挙で美濃部知事3選。24年ぶりに区長公選がおこなわれ、品川、中野、練馬、世田谷で革新区政が誕生 10 大企業への課税適正化（法人都民税の引き上げ）実施 海上公園条例公布。このときまでに13の海上公園が実現 12 解同問題正常化へ向かう。同和対策事業資金の「解同」の介入を認めない手続きで受け付け開始 （三多摩格差8課題を設定）	4 革新自治体が全国で205に達し、そこで暮らす人口は約4682万人・総人口の42・7％に 7 江東区で六価クロの不法投棄が告発される （ベトナム戦争終結）

革新都政３期目

１９７６年	１　母子家庭介護人派遣事業開始 ５　立川基地の一部約87・１ヘクタールを返還 ６　第５福竜丸展示館完成 11　立川基地跡地利用問題で、国の３分割分割返還方式に対して、東京都と立川市・昭島市が共同で独自案を作成し、自治体の考えを示す	２　米国でロッキード事件発覚
１９７７年	１　休日（日曜日・祝日）夜間救急診療体制実施 ４　東京都婦人相談センター開設 ８　希望図書の無料点訳事業開始 ９　美濃部知事、「４選不出馬」を表明	９　米軍機が横浜市の民家に墜落。親子３名が死亡 11　立川基地全面返還 （日本の平均寿命が世界一に）

1978年	2　自治省に都職員の定昇ストップをはじめとする財政健全化計画を提出。自治省主導の下での財政計画となる 7　隅田川花火大会を17年ぶりに開催 12　第2次震災予防計画決定	1　伊豆大島近海地震。死者25名 12　日米農産物交渉妥結（牛肉、オレンジの輸入枠拡大）
1979年	4　東京都婦人情報センターを日比谷図書館内に開設 美濃部知事が、「明るい会」申し入れへの回答を拒否し、小笠原に〝逃避行〟。マイタウン東京構想を掲げた鈴木俊一都知事候補が当選	1　第2次オイルショック

発刊にあたって

50年前の1967年、首都東京での革新自治体の実現を目指した都知事選がたたかわれました。社会党・共産党、労働組合、民主団体、市民団体、文化人などで構成された統一戦線組織「明るい革新都政をつくる会」が擁立した美濃部亮吉統一候補と自民・民社党連合候補とのあいだで、熾烈なたたかいがくり広げられるなかで、革新都政の実現を求める応援歌「おはよう東京」がつくられ、都内各地の街角で職場で、その歌声がまきおこりました。

1. おはよう東京　おはよう東京
はたらくものの　平和の都
プレスのひびき　タイプのひびき
いまわきおこる　革新の
希望にあふれる　私の東京

2. おはよう東京　おはよう東京
はたらくものの　平和の都
しあわせねがう　母と子に

いまわきおこる　革新の
心結び合う　私の東京

3.
おはよう東京　おはよう東京
はたらくものの　平和の都
平和の光　かかげよう
いまわきおこる　革新の
誓い新たな　私の東京

【作詞・作曲】中央合唱団　【編曲】いずみたく

《革新都政実現の力》

革新都政を求める都民のシンボルカラーはライトブルー。行きかう人の胸につけられたドーナツ型の「青空バッチ」が日ごとに増えていきました。運動は瞬く間にひろがり、銀幕のスター中村錦之助さんや渥美清さんなども立ちあがり、その応援メッセージが録音テープで職場の昼休みに流され、みんなが耳を傾ける……。熱気と躍動感が東京中にひろがりました。

本著の行間からその選挙戦の熱気とエネルギーがたちのぼってきます。

革新都政を生みだした力は、切実な都民の願いでした。革新都政誕生の3年前に東京五輪が開催されましたが、その当時の東京は、それまで突きすすんできた高度経済成長政策のひずみが一気にふきだし、都民との矛盾をひろげていました。

ポストの数ほど保育所を
子どもを交通事故から守れ
都営住宅を大量に

〝新しい貧困〟が東京に集中し、都民の暮らしの要求が溢れるなかで、大企業と癒着した大企業のための都市開発、公害、生活環境の悪化、そして汚職・腐敗事件の続発に都民の怒りが頂点に達しました。

都民は、伏魔殿といわれた都政の転換を求めて都議会のリコール運動に立ちあがり、都議会解散に追い込みました。また、このたたかいの中で住民の要求と運動を結集した「都民の要求と民主連合都政の実現をめざす全都連絡会議」（全都連）が組織され、革新都政を誕生させる大きな原動力となりました。

「『東京の過密化に対応した政策の実施を怠り、その結果、すでに沸騰点に達していた都民の欲求不満の爆発を招いた』といえる。その意味で自民党は『都民』そのものに敗れた（自民党・田中角栄当時自民党都市政策調査会・「中央公論」1967年6月号）」のです。

《都政が変われば暮らしが変わる》

都知事選に勝利し、スタートした美濃部都政は「都政の主人公は都民である」と宣言し、都民と手をあわせて、都民が願いつづけた切実な要求をつぎつぎと実現しました。そして、「明るい革新都政をつくる会」と「全都連」に結集した都民の声と行動が、執拗な政府自民党・文配層による妨害を一つ一つはねかえして、要求を実現する力となったのでした。

革新都政は、都民のいのちとくらし、健康を守ることを何よりも大事にしました。革新都政はその12年を通して、「明治以来、ほとんど接することのなかった都民と都政の距離を縮め、都政を通じて東京に憲法を実現しようとした」（美濃部知事秘書、政策室長　太田久行「美濃部都政12年」）のです。

同時に、革新都政の歴史は、統一戦線分断、破壊策動とのたたかいの歴史でもありました。革新都政3期目、次期1979年都知事選挙を迎え、革新陣営が分裂の危機におちいるなかで、「明るい革新都政をつくる会」幹事会（1979年2月）で提案された日本共産党の「革新都政12年の評価と前進への課題」は、おおくの人々に共感と確信を与え、革新統一実現に向けてのおおきな力となりました。

いま、半世紀を経て、この提案を読むと、あらためて、その分析と簡明な表現にみずみずしさを覚えます。今に生きる大きな財産です。

革新都政誕生から50年、14回の都知事選がたたかわれました。私は、その選挙戦のひとつひとつをたどりながら、革新都政を誕生させた歴史的たたかいの重みとその事業に献身的に参画されおおくの人々が果たされた力と役割について想起せざるを得ません。

《ふたたび革新都政を》

1979年の都知事選の結果、保守反動都政にとって代わられて以来、革新都政の復活を望む市民団体により、「革新都政再建をめざす各界連絡会」が結成され、そののち1987年に「ふたたび革新都政をめざす会」として再組織され、さらに、1998年11月に今日の「革新都政をつくる会」と改称し、都民が主人公の都政の実現のために力を尽くしてきました。

今日、憲法とこの国の在り方、国民生活をめぐる歴史的せめぎ合いの中で、憲法を生かし先駆的施策を実施した革新都政の値打ちを検証し、次世代に継承することが求められているのではないでしょうか。

私たちは本年（2018年）1月に、革新都政50周年を記念する〝革新都政をつくり支えた世代とポスト革新都政世代が語り合う〟シンポジウムを開催しました。

本書は、「革新都政をつくる会」の機関紙「都民がつくる革新都政」紙上で、2014年9月から、間に都知事選挙をはさんで36回にわたって連載した「考証　革新都政」を再構成し、若干の加筆を加え、50周年の記念行事の一環として出版することとしたものです。

発刊にあたっては革新都政にゆかりのあった方々からお忙しい中、「私と革新都政」というテーマで原稿を寄せていただくとともに貴重な資料の提供もいただきました。

新たな都政転換めざすたたかいの足音の高まりを感じます。本書が、歴史的な激動の情勢の下で、新たなたたかいの力となることを期待してご協力の御礼といたします。

中山　伸（「革新都政をつくる会」事務局長）

考証《こうしょう》 革新都政《かくしんとせい》

東京《とうきょう》に憲法《けんぽう》と自治《じち》が輝《かがや》いたとき

二〇一八年 七月 一八日 第一刷発行

編　者　革新都政をつくる会
発行者　新船海三郎
発行所　本の泉社
〒113-0033
東京都文京区本郷二-二五-六
Tel 〇三（五八〇〇）八四九四
FAX 〇三（五八〇〇）五三五三
http://www.honnoizumi.co.jp/

DTPデザイン：杵鞭真一
印刷　中央精版印刷（株）
製本　中央精版印刷（株）

ISBN978-4-7807-1693-1　C0036